Für meine Schwester

Fotografien: Frédéric Lucano
Styling: Lélia Deshayes
Models: Aga Alchimowicz und Élodie Zangaris
Zeichnungen: Iwona Séris
Zeichnungen der Basiskleidungsstücke: Émilie Ramon
Vorlagen: Marie Pieroni
Produktion: Florence Bellot und Sophie Lequesne
Gemälde S. 112, 119 und 136: Claire Basler

Übersetzung aus dem Französischen und Satz der deutschen Ausgabe: Anke Wellner-Kempf
Umschlaggestaltung: Marlies Müller

Titel der französischen Ausgabe: *Tendance vintage*

ISBN: 978-3-8427-0315-5

Gesamtherstellung: Tandem Verlag GmbH, Potsdam

Hélène Le Berre

Einfach modisch

32 Ideen zum Aufpeppen des Outfits

Nouveauté de Paris

Wer hat als Mädchen nicht davon geträumt, sich mit wunderschönen selbst genähten Kleidern herauszuputzen, nicht mit Stoffresten, Bändern, Knöpfen und Perlen Modeschöpferin gespielt? Wenn Sie sich diesen Kindheitstraum bewahrt haben – zögern Sie nicht länger! Wir zeigen Ihnen, wie Sie mit wenigen Handgriffen einfache Kleidungsstücke in zauberhafte Unikate verwandeln!

Durchforsten Sie Ihre Garderobe nach Teilen, die sich verändern lassen, holen Sie sich Inspiration in diesem Buch, suchen Sie Stoffreste hervor ... und ran an die Schere, ran an die Nadel! Keine Angst vor dem Zerschneiden, Auftrennen, Verzieren: Eine Winzigkeit kann alles verändern, kann Sie in ganz neuem Licht erstrahlen lassen. Ab heute sind Sie Ihre eigene Stylistin!

Inhalt

Boheme

Pop-Kult

BOHEME

Hübscher Zierat

Ein dunkles, unauffälliges Top? Eine Bordüre im Jugendstil und zarte Perlenstickerei auf der Taille verwandeln es in ein kunstvolles Einzelstück. Zierbänder und Jojos an den Trägern setzen pfiffige Akzente!

Anleitung S. 24

Kunst mit Knöpfen
Ihr Hemd bekommt Charakter mit dieser optischen Blende: Knöpfe aller Formen und Größen wetteifern mit Knötchenstichen um Ihre Aufmerksamkeit. Gute Laune garantiert!
Anleitung S. 26

Rock im Wind

Dieser Rock mixt mutig Farben und Materialien! Mit der linken Seite nach außen wird er zuerst von drei plissierten Streifen eingefasst, die wie ein Volant wirken. Paspeln aus Wollfilz, kugelige Motive und Pailletten runden die Sache ab!

Anleitung S. 28

So hübsch geknüpft ...

Dieses Top ist ebenso schick wie erfrischend. Das bauschige Bauchteil bildet ein Echo zur großen, mit schwarzen Glasperlen eingefassten Schleife auf der Brust. Für den Nachmittag ebenso geeignet wie für den Abend.
Anleitung S. 30

Flower Power

Eine mädchenhafte Wickeljacke erhält durch Origami frischen Pep. Die Ärmel aus geblümtem Baumwollstoff sind aufgenäht, der Ansatz fällt durch eine kunstvoll gefaltete Bordüre ins Auge; Stickerei betont das Blumenmuster des Stoffs. Eine Handarbeit, die riesig Spaß macht!
Anleitung S. 32

Folklore-Jäckchen

Gönnen Sie Ihrem treuen schwarzen Shetland-Pulli ein zweites Leben: Schneiden Sie ihn entzwei! Verzieren Sie ihn mit einer farbenfrohen Stoffbordüre, ergänzen Sie am Ausschnitt eine neckische Schleife und besticken Sie ihn nach Lust und Laune mit passendem Stickgarn.

Anleitung S. 38

Zeit auf dem Land

Wie lässt sich eine einfache, bäuerliche Tunika veredeln? Ganz einfach: Man fasst den Einsatz mit Stoffknöpfen ein und stickt mit Silberfaden Knötchenstiche in senkrechten Reihen auf.
Anleitung S. 36

Rotmäntelchen

Mit einfachen Mitteln erhält Ihr Mantel eine neue Identität: Applizierte Bänder betonen elegant seine Nähte, kleine Blumen und Stoffbänder sorgen für hübsche Details ... und neue Knöpfe veredeln das Stück! Der Winter ist modisch ganz auf der Höhe ...
Anleitung S. 41

Modell von S. 9

Hübscher Zierat

Basiskleidungsstück

Dunkelbraunes Top mit Spaghettiträgern, das auf der Hüfte nicht zu knapp sitzen sollte.

Material

- Weißer Stoff mit Jugendstilmuster in Flieder, Beige und Blau: 110 x 20 cm
- Beigefarbener Stoff mit blauem Muster: 27 x 2 cm
- Rocaille-Perlen: Röhrchen, blassrosa glänzend
- Nähgarn: fliederfarben, beige
- Perlgarn 5 oder 8, rot
- Malkarton

Ausrüstung

- Grundausstattung (siehe Seite 149)
- Sticknadel
- Zirkel

Nähtechniken siehe Seiten 150 bis 153

Tipps und Tricks

Mit dieser Technik lässt sich ein beschädigter Saum kaschieren oder ein Motiv, das Ihnen vielleicht nicht mehr gefällt. In letzterem Fall berechnen Sie die Höhe der Stoffbordüre wie folgt: Höhe des zu kaschierenden Bereichs + 2,5 cm.

1. Den Stoff vorbereiten

Das Top auf die Maße dehnen, die es hat, wenn es getragen wird. Die Breite messen, verdoppeln und 2 cm hinzurechnen = L. Zeichnen Sie auf der Rückseite des Bordürenstoffs einen Streifen von L x 7 cm. Die Motive sollten darauf möglichst mittig angeordnet liegen. Den Streifen zuschneiden. Klappen Sie die Oberkante um 0,5 cm, die Enden um je 1 cm um; die Unterkante um 0,5 cm und erneut um 1,5 cm umklappen. Dabei den Stoff links auf links falten. Die Brüche einbügeln.

2. Die Bordüre applizieren

Auf Vorder- und Rückenteil des Tops eine horizontale Linie 4,5 cm über der Saumkante zeichnen. Den Streifen mit der Oberkante auf die Markierung stecken. Die Enden an einer Seitennaht aneinanderfügen. Die Unterkante sauber nach innen klappen und feststecken. Die Oberkante der Bordüre mit Saumstich von rechts aufnähen, die Unterkante von links, die Enden zusammennähen.

3. Die Perlenmotive aufsticken

Zeichen Sie rund um das Top, an der Bordürenkante beginnend, in regelmäßigen Abständen 6 cm lange vertikale Linien auf (wenn möglich als Verlängerung des Motivs auf dem Stoff).

Nähen Sie mit doppeltem fliederfarbenem Nähgarn elf Perlen auf eine Markierung. Arbeiten Sie mit Vorstich. Anschließend rechts und links davon in jeweils 0,5 cm Abstand je eine Reihe mit fünf und danach eine weitere mit zwei Perlen aufsticken. Damit die Reihen tadellos gelingen, stellen Sie eine nach der anderen fertig und vernähen den Faden nach jeder Reihe auf der Rückseite. Sticken Sie auf diese Weise fünf Perlenreihen auf, die um eine Mittellinie zentriert sind.

4. Die Zierbänder anfertigen

Zeichnen Sie auf die linke Seite des restlichen Bordürenstoffs zwei Streifen von 9 x 2 cm und schneiden Sie sie aus. Aus dem zweiten Stoff drei identische Streifen ausschneiden. Bei allen Streifen die vier Kanten links auf links um 0,5 cm umklappen. Die Streifen links auf links der Länge nach auf die Hälfte falten, sodass sie nun 8 x 0,5 cm messen. Die drei offenen Kanten mit überwendlichem Stich zunähen, je nach Streifen mit dem Perlgarn oder dem Nähgarn in Beige.
Zeichnen Sie einen Kreis von 3,5 cm Durchmesser auf den Malkarton. Die Vorlage ausschneiden und sechsmal links den Bordürenstoff übertragen. Die Kreise ausschneiden.
Die Kante eines Kreises links auf links rundum um 0,5 cm umklappen und mit doppeltem fliederfarbenem Garn annähen. Den Faden anziehen, um den Stoff maximal zu kräuseln, dann vernähen. Drücken Sie die entstandene Kugel flach. Gehen Sie mit den restlichen Kreisen genauso vor und nähen Sie sie an die Enden der Stoffbänder.

Falten Sie die Bänder der Länge nach in der Mitte. Stecken Sie sie auf einen Träger sowie am Ausschnitt entlang und nähen Sie sie mit kleinen Steppstichen auf.

Modell von S. 10

Kunst mit Knöpfen

Basiskleidungsstück

Blau-weiß gestreiftes Hemd mit Tunika-Ausschnitt.

Tipps und Tricks

Wenn Sie die Knöpfe auf der Brust in einer Weise angeordnet haben, die Ihnen gefällt, können Sie davon ein Foto mit Ihrer Digitalkamera machen, damit Sie sich ihre Anordnung leichter merken können.

Material

- Beigefarbener Stoff mit Muster in Pflaume: 90 x 2 cm
- Etwa 30 Knöpfe in verschiedenen Größen und Farben, vorwiegend in Rottönen
- Naturweißes Nähgarn
- Perlgarn 5 oder 8, rot

Ausrüstung

- Grundausstattung (siehe Seite 149)
- Feine Sticknadel

Nähtechniken siehe Seiten 150 bis 153

1. Den Einsatz einfassen

Fotokopieren Sie die Vorlage von Seite 154 auf 130 % und schneiden Sie sie aus. Auf das Vorderteil stecken, dabei direkt unterhalb des Ausschnitts ansetzen. Die Umrisse nachziehen und wieder abnehmen. Verlängern Sie die Seitenlinien bis zur Schulternaht. Messen Sie den Abstand der Linien von einer Schulter zur anderen und rechnen Sie 3 cm hinzu = L.

2. Die Bordüre aufnähen

Schneiden Sie einen Stoffstreifen mit den Maßen L x 2 cm zu. Die beiden Längskanten links auf links um 0,5 cm umklappen und einbügeln. Den Streifen an der Innenkante der Markierung auf die Bluse stecken. An den Kurven den Stoff in kleine Falten legen, um die Krümmung nachzubilden.
Die Enden links auf links einschlagen und bündig an den Schulternähten abschließen lassen. Den Streifen an allen vier Seiten mit Saumstich aufnähen.

3. An die Knöpfe!

Verteilen Sie die Knöpfe gleichmäßig über den gesamten Einsatz. Markieren Sie ihre Position mit einem kleinen Punkt direkt unter ihrer Mitte. Nähen Sie sie mit dem Perlgarn auf und vernähen Sie den Faden nach jedem Knopf.

4. Die Zierknoten aufsticken

Streuen Sie zwischen die Knöpfe dekorative Knötchen. Fädeln Sie Perlgarn auf die Sticknadel, ohne das Ende zu verknoten. Mit der Nadel in den Stoff einstechen und 0,2 cm links davon wieder ausstechen. Lassen Sie am Anfang etwa 2 cm Garn stehen. Nähen Sie drei Rückstiche übereinander (**Zeichnungen 1 und 2**). Zum Schluss beide Enden 0,5 cm über dem Stoff abschneiden.

1.

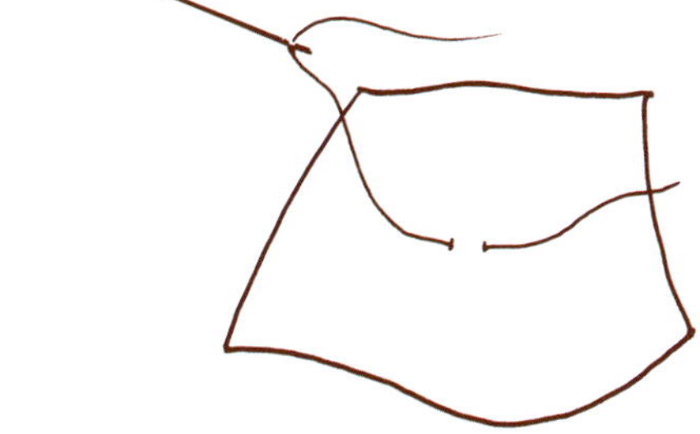

2.

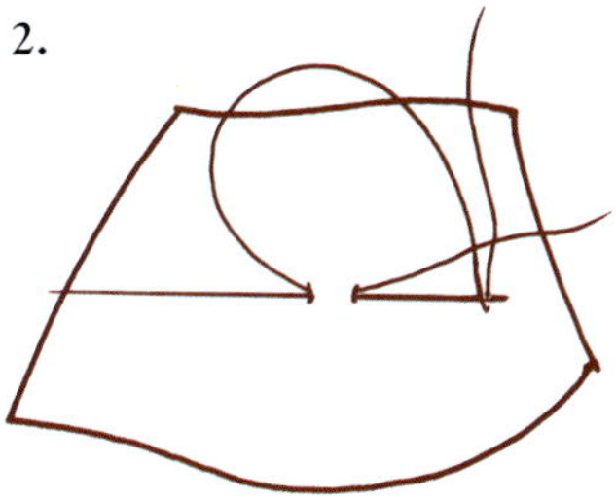

Modell von S. 12

Rock im Wind

Basiskleidungsstück

Ausgestellter schwarzer Rock mit Blumenmuster, knapp knielang, vorzugsweise mit Keilen.

Material

- Grau-weiß gestreifter Stoff mit Blumenmuster: 110 x 50 cm
- Gekämmte Wolle zum Filzen: weiß, zinnoberrot, bordeauxrot, himmelblau, gelb
- Pailletten, 0,5 cm Durchmesser: fuchsiafarben, irisierendes Blassrosa, gelb
- Pailletten, 1 cm Durchmesser, rosa transparent
- Graues Nähgarn
- Perlgarn 5 oder 8, schwarz

Ausrüstung

- Grundausstattung (siehe Seite 149)
- Nähmaschine
- Filznadel
- Seifenblock zum Filzen
- Sticknadel

Nähtechniken siehe Seiten 150 bis 153

Tipps und Tricks

Damit die Farben „antiker" wirken, wird der Rock auf links gewendet. Da die Nähte nun sichtbar werden, muss vielleicht das eine oder andere Fadenende gekappt und Etikett entfernt werden!

1. Den Volant anfertigen

Auf die linke Stoffseite über die ganze Breite Streifen von 5 cm Höhe zeichnen und zuschneiden. Bei allen Streifen die langen Kanten links auf links 1 cm umklappen und einbügeln.
Den Rock auf links wenden. Einen Streifen mit der Längskante an den Rocksaum stecken; die beiden Enden links auf links 1 cm umklappen. Weitere Streifen an die Enden stecken, bis die Bordüre um den ganzen Rock reicht; den letzten Streifen so zuschneiden, dass er mit einer Nahtzugabe von 1 cm bündig am ersten Streifen abschließt. Die Unterkante der Bordüre abheften, dann in 0,1 cm Abstand zur Kante absteppen.
Den Rock flach ausbreiten und die Oberkante der Bordüre alle 10 cm in eine kleine Falte legen, sodass sie die ausgestellte Form des Rocks weiterführt. Die Kante anheften, dann in 0,1 cm Abstand zum Rand absteppen (**Zeichnung 1**).
Fertigen Sie auf dieselbe Weise zwei weitere Bordüren an. Rechnen Sie jeweils einen Abstand von 0,5 cm zur darüberliegenden ein (**Zeichnung 2**).

1.

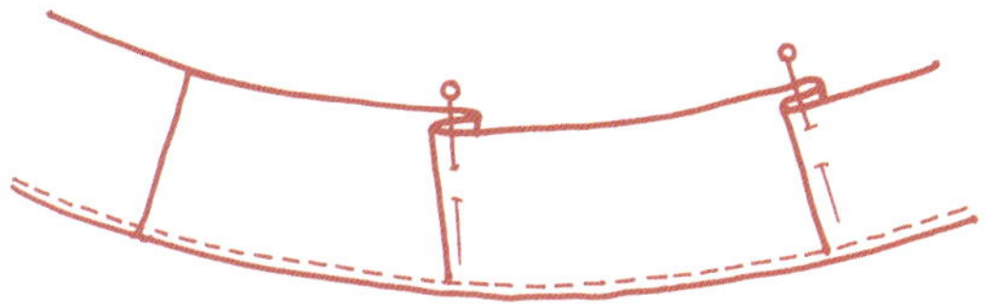

2.

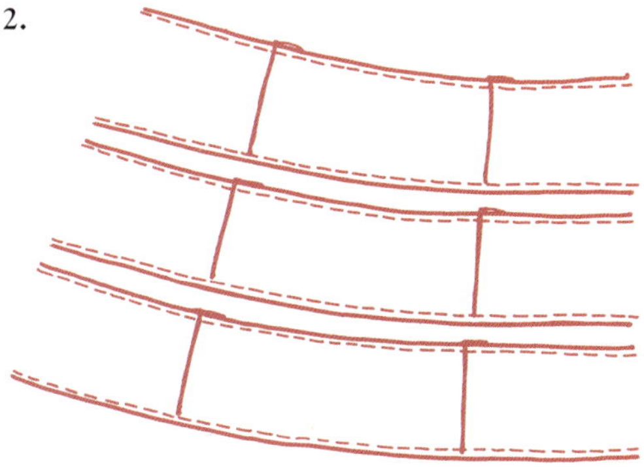

2. Die Borten filzen
Legen Sie den Seifenblock unter den Rock und filzen Sie die weißen Borten zwischen die Bordüren. Den Rock dabei immer ein Stückchen weiterdrehen.

3. Die Motive filzen
Die Nähte der Keile begrenzen die zu dekorierenden Bereiche (nur jeden zweiten Keil). Wenn Ihr Rock keine Keile hat, zeichnen Sie in regelmäßigen Abständen rund um den Rock Dreiecke von 12 cm Breite und 15 cm Höhe auf, die an der Oberkante des angesetzten Volants beginnen.
Schieben Sie den Seifenblock in den Rock und filzen Sie die gekämmte Wolle zu Blättern, die die Motive des Stoffs in vergrößerter Form wieder aufnehmen. Wenn Sie die Farben mischen, erhalten Sie schöne Farbverläufe.

4. Der krönende Abschluss: die Pailletten!
Fädeln Sie Perlgarn auf und nähen Sie die Pailletten mit überwendlichem Stich auf die Nähte der Keile oder um die Dreiecke herum. Variieren Sie Farben und Größen.

Modell von S. 14

So hübsch geknüpft ...

Basiskleidungsstück

Nicht zu eng sitzendes schokoladenbraunes Trägertop.

Material

- Dunkler Stoff mit grün-gelbem Muster: 130 x 45 cm
- Wasserblauer Stoff mit Tupfen: 100 x 8 cm
- Rocaille-Perlen: schwarz glänzende Röhrchen
- 90 cm runde Gummilitze
- Nähgarn: schwarz, wasserblau

Ausrüstung

- Grundausstattung (siehe Seite 149)
- Nähmaschine
- Sicherheitsnadel
- Pfeiltrenner

Nähtechniken siehe Seiten 150 bis 153

Tipps und Tricks

• Die Länge der Tunika entspricht der Länge des Tops von der Schulternaht bis 1 cm unter dem Armausschnitt, plus 40,5 cm. Passen Sie Länge Ihres Stoffs entsprechend an.

• Dehnen Sie das Top auf die Maße, die es hat, wenn Sie es tragen. Dazu über ein Rechteck aus festem Karton streifen, dessen Breite der Hälfte Ihres Brustumfangs entspricht.

1. Den Stoff über das Top nähen

Vorbereitung

Falten Sie den grün-gelben Stoff rechts auf rechts in der Mitte, indem Sie die kurzen Seiten aufeinanderlegen. Heften und anschließend mit 0,5 cm Saumzugabe absteppen.

Die Unterkante links auf links erst 0,5 cm und dann 1,5 cm umklappen und einbügeln. 1,2 cm vom Rand absteppen. Anschließend die Oberkante links auf links 2,5 cm umklappen und einbügeln.

Obere Raffung

Messen Sie Ihren Brustumfang und rechnen Sie 7 cm hinzu. Fädeln Sie schwarzes Nähgarn von dieser Länge auf, und nehmen Sie den Faden doppelt. Arbeiten Sie auf der linken Stoffseite. Ziehen Sie 2 cm von der Oberkante den Faden mit Vorstich ein und nähen Sie dabei den Umschlag an. Raffen Sie den Stoff, bis seine Breite Ihrem Brustumfang entspricht, plus 2 cm. Den Faden sicher vernähen und den Stoff auf rechts wenden.

Zusammennähen

Auf Vorder- und Rückseite des Tops 3 cm unter den Armausschnitten horizontal eine Linie ziehen. Das Top über die Rückenlehne eines Stuhls streifen, um es auf die Maße zu dehnen, die es hat, wenn es getragen wird. Dies ist sehr wichtig, damit sich das umgearbeitete Top noch bequem anziehen lässt. Den gemusterten Stoff über das Top streifen und die Seitennähte übereinanderlegen. Die Kräuselung auf die Markierung legen. Die Oberkante durch alle Stofflagen feststecken. Entlang der Kräuselung mit Rückstich aufnähen.

Der untere Tunnel

Am unteren Saum zwei oder drei Stiche der Seitennaht auftrennen. Mit der Sicherheitsnadel das Gummi durch den Tunnel ziehen. Die Enden verknoten und die Öffnung mit Saumstich zunähen.

2. Die Schleife anfertigen

Den getüpfelten Stoff rechts auf rechts der Länge nach in der Mitte falten, sodass Sie einen 4 cm breiten Stoffstreifen erhalten. Die Längskante 0,5 cm vom Rand absteppen, in der Mitte einen 5 cm langen Schlitz lassen. Die Enden im 45°-Winkel absteppen und den überstehenden Stoff mit 0,5 cm Nahtzugabe abschneiden (**Zeichnung 1**). Den Streifen auf rechts wenden. Blaues Garn auffädeln und den Schlitz mit Saumstich zunähen. Das Band so zur Schleife binden, dass beide herabhängende Enden gleich lang sind.

Schwarzes Garn auffädeln und in einer Ecke eines der Enden einnähen. Drei Perlen aufziehen und einen überwendlichen Stich ausführen. Verzieren Sie auf diese Weise alle sichtbaren Kanten der Schleife (**Zeichnung 2**). Wenn Sie zur Schleife selbst kommen, fixieren Sie ihren Knoten mit einigen unsichtbaren Stichen. Nähen Sie die Schleife zum Schluss vorn auf die Tunika, mittig auf die geraffte Naht.

1.

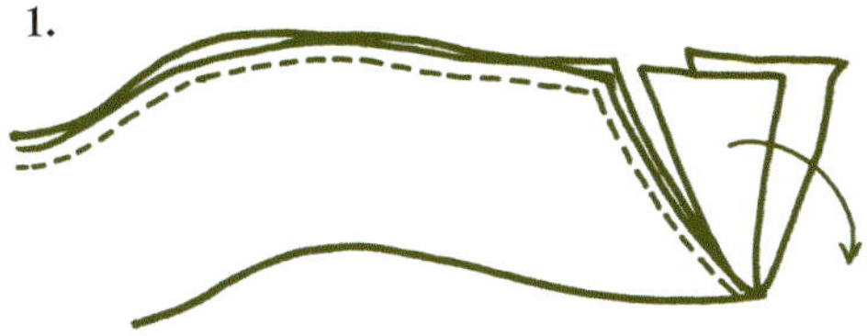

2.

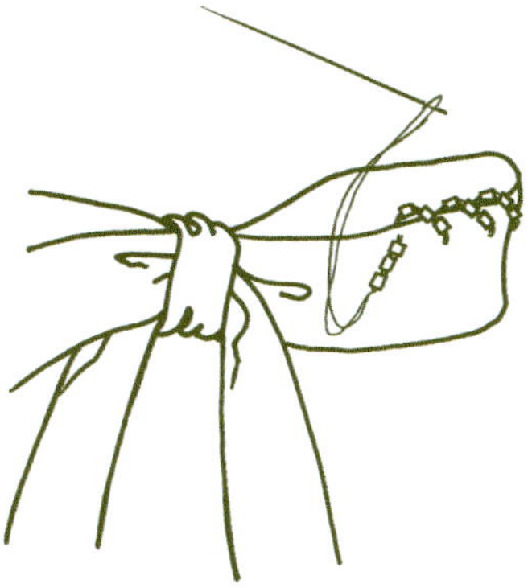

Flower Power

Modell von S. 16

Basiskleidungsstück

Rosa Wickeljacke aus gestrickter Spitze mit langen Ärmeln.

Material

- Weißer Stoff mit Blumenmuster in Rosatönen: 110 x 45 cm
- Rosa Nähgarn
- Stopfgarn: fuchsiafarben, fliederfarben, blassrosa
- Fester Karton: etwa 25 x 10 cm

Ausrüstung

- Grundausstattung (siehe Seite 149)
- Nähmaschine
- Sticknadel

Nähtechniken siehe Seiten 150 bis 153

Tipps und Tricks

Für das Stoff-Origami benötigen Sie einen Streifen, der dreimal so lang ist wie die fertige Bordüre. Rechnen Sie auch an den Enden eine Zugabe von mehreren Zentimetern hinzu.

1. Die Ärmel anfertigen

Vorbereitung

Breiten Sie die Wickeljacke flach vor sich aus. Zeichnen Sie auf jeden Ärmel 18 cm unterhalb der Schulternaht eine Linie und bleiben Sie dabei möglichst auf Höhe einer Maschenreihe. Die Linie sollte mindestens 3 cm unterhalb des Armausschnitts liegen (**Zeichnung 1**). Die Breite des Ärmels in Höhe der Markierung messen und mit zwei multiplizieren = T.

Auf die linke Stoffseite zwei Trapeze wie in Zeichnung 2 gezeigt zeichnen. Prüfen Sie, ob die Länge für Sie passt: Wenn der Ärmel auf die Markierung am Ärmel genäht ist, sollte er dreiviertellang sein. Rechnen Sie oben und an den Seiten jeweils 1 cm Saumzugabe hinzu, am unteren Rand 5 cm. Achten Sie darauf, die untere Saumzugabe wie auf der Zeichnung gezeigt an den Enden spiegelgleich anzuschrägen. Die Teile ausschneiden.

Die Ärmel in der Mitte falten, rechts auf rechts. Die Seiten heften, dann 1 cm vom Rand absteppen und dabei die Ecken der Nahtzugabe deutlich herausarbeiten (**Zeichnung 3**). Die Unterkante links auf links einschlagen, erst um 1 cm, dann um 4 cm und einbügeln. Feststecken und blindsäumen. Die obere Kante links auf links 1 cm umklappen und einbügeln. Die Ärmel auf rechts wenden.

Zusammennähen
Schneiden Sie den Karton so zu, dass seine Breite der Hälfte von T entspricht. In einen der Ärmel der Wickeljacke schieben. Einen Stoffärmel darüberstreifen und die Seitennähte der beiden Ärmel aufeinanderlegen. Die Oberkante auf die Markierung legen, feststecken und den Ärmel mit Saumstich annähen. Mit dem zweiten Ärmel ebenso verfahren.

Schlagen Sie die Stoffärmel nach oben um. Schneiden Sie die Strickärmel etwa 1,5 cm unterhalb der neuen Naht ab. Die Schnittkante mit doppeltem Faden im überwendlichen Stich vernähen.

1.

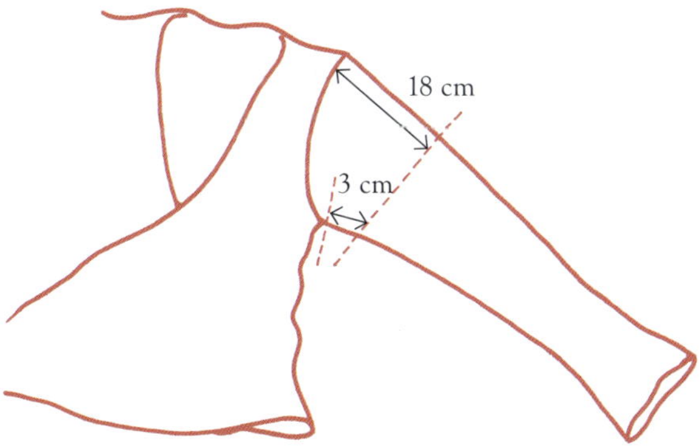

2.

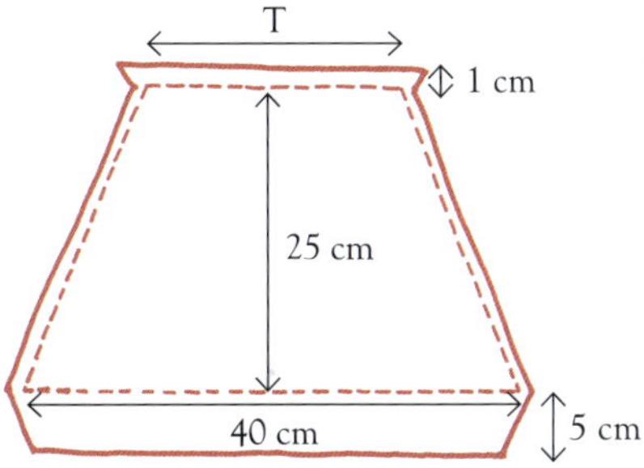

3.

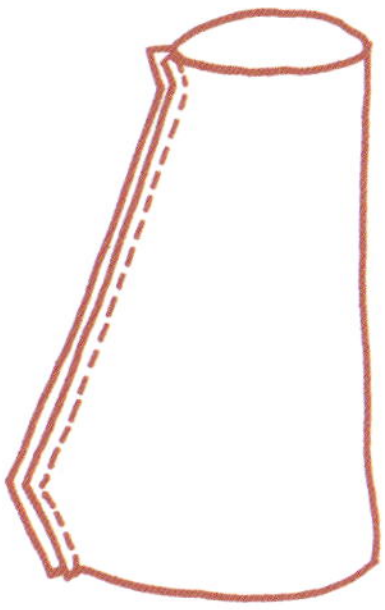

Fortsetzung von Flower Power

2. Origami-Falten

Schneiden Sie zwei Stoffstreifen auf 110 x 7 cm zu. Falten Sie die langen Seiten links auf links zur Mitte, sodass sich die Kanten um 0,5 cm überlappen: Sie erhalten einen Streifen von 3 cm Breite.

Breiten Sie einen Streifen mit der rechten Seite nach oben aus. Falten Sie den Stoff 4 cm vor dem rechten Ende zum Dreieck: Den Stoff auf 1,5 cm Breite abnähen **(Zeichnung 4)**, die Falte nach links klappen, dann ihre Ecken nach rechts zur Mitte falten **(Zeichnung 5)**. Das so entstandene Dreieck mit einigen Stichen festnähen **(Zeichnung 6)**. Falten Sie von rechts nach links ein Dreieck neben dem anderen **(Zeichnung 7)**, bis Sie eine Bordüre von der Länge T erhalten plus 4 cm an jedem Ende. Den zweiten Streifen auf dieselbe Weise verarbeiten.

3. Die Bordüren annähen

Die Bordüren durch alle Lagen hindurch so auf die Ärmel stecken, dass ihre Enden über den Seitennähten liegen. Positionieren Sie jeweils das erste Dreieck sorgfältig neben das letzte. Klappen Sie die Enden links auf links um und schneiden Sie den überstehenden Rest ab. Nähen Sie die Bordüren mit Rückstich auf und heben Sie die Dreiecke etwas an, um sich die Arbeit zu erleichtern.

4. Stickerei

Sticken Sie am unteren Ärmelende, im Abstand von etwa 6 cm zur Kante, einige Blumen des Stoffs mit doppeltem Faden nach.

Für jede Blume sticken Sie sechs oder sieben Geradstiche sternförmig um einen Punkt und setzen in die Mitte einen Knötchenstich. Diese Idee können Sie ganz leicht an das Muster Ihres Stoffs anpassen.

4.

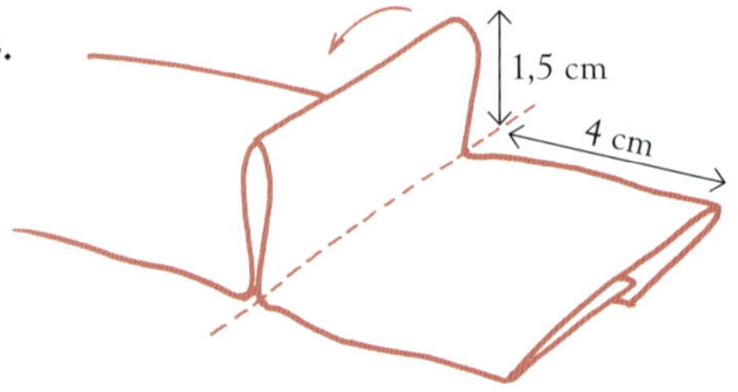

5.

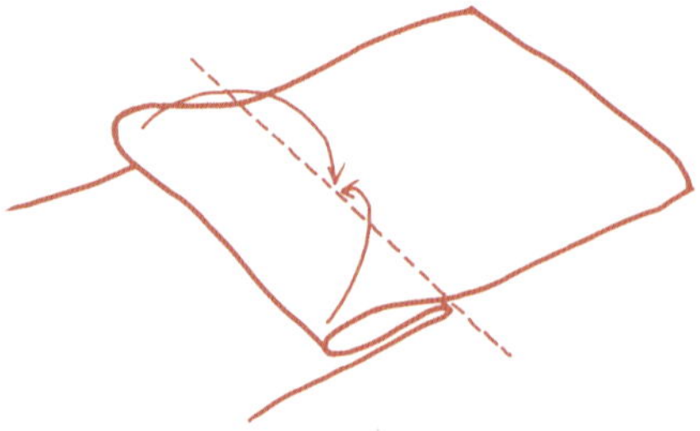

6.

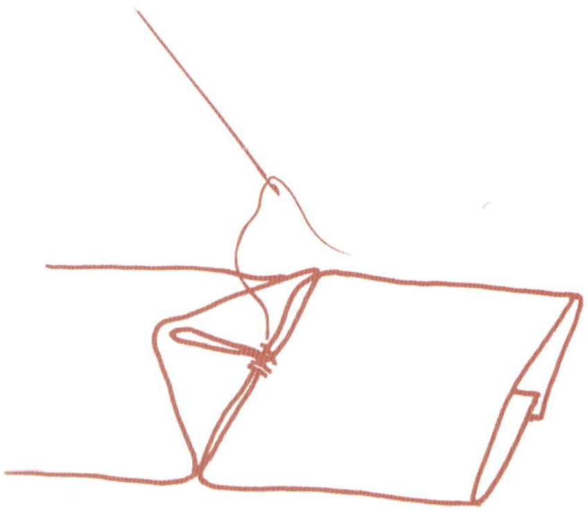

7.

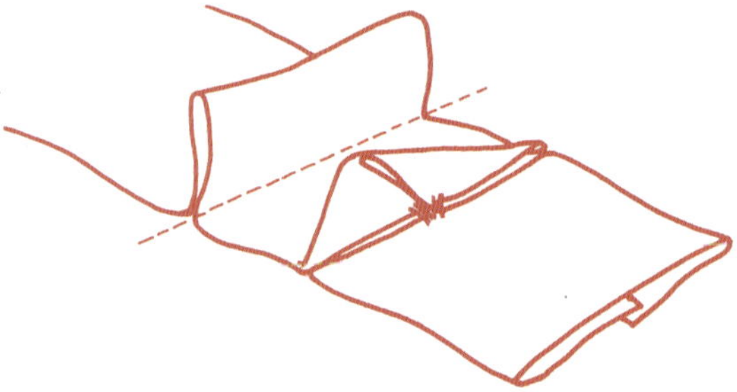

Modell von S. 20

Zeit auf dem Land

Basiskleidungsstück

Gestreifte Bluse aus leichtem Baumwollstoff mit Brusteinsatz.

1. Die Perlen anfertigen

Zeichnen Sie einen Kreis von 3 cm Durchmesser auf Malkarton. Die Schablone ausschneiden und etwa 40-mal auf die linke Seite des Stoffs übertragen. Die Kreise zuschneiden.
Bei einem der Kreise und den Rand links auf links 0,3 cm umklappen. Mit doppeltem Faden rundum im Vorstich aufnähen (**Zeichnung 1**). Am Faden leicht ziehen, um den Stoff einzukräuseln, und zu einer Kugel gerolltes Füllmaterial hineinstecken. Dann den Stoff maximal einkräuseln und den Faden sicher vernähen (**Zeichnung 2**). Verarbeiten Sie alle Stoffkreise auf diese Weise.

2. Die Perlen aufnähen

Nähen Sie die Perlen im Abstand von etwa 2 cm zueinander mit doppeltem Faden auf die Naht des Brusteinsatzes. Ziehen Sie den Faden durch ihre Kräuselnaht, um sie unsichtbar und gleichzeitig fest anzunähen.

3. Die Knöpfe beziehen

Trennen Sie die Knöpfe ab. Schneiden Sie mithilfe Ihrer Schablone so viele Stoffkreise zu, wie Sie Knöpfe haben. Kräuseln Sie den Stoff wie oben beschrieben ein und stecken Sie diesmal die Knöpfe hinein. Nähen Sie die Knöpfe an, indem Sie von unten durch die Kräuselnaht stechen.

Material

- Grauer Stoff mit kleinem rotem Muster: 70 x 15 cm
- Graues Nähgarn
- Silberner Zwirn
- Synthetisches Füllmaterial
- Malkarton

Ausrüstung

- Grundausstattung (siehe Seite 149)
- Sticknadel
- Zirkel

Nähtechniken siehe Seiten 150 bis 153

4. Stickerei
Sticken Sie über den gesamten Brusteinsatz rechts und links von der Knopfleiste zwei vertikale Linien im Knötchenstich. Nehmen Sie hierfür zwei Zwirnfäden und sticken Sie die Knötchen im Abstand von 1 cm auf.

1.

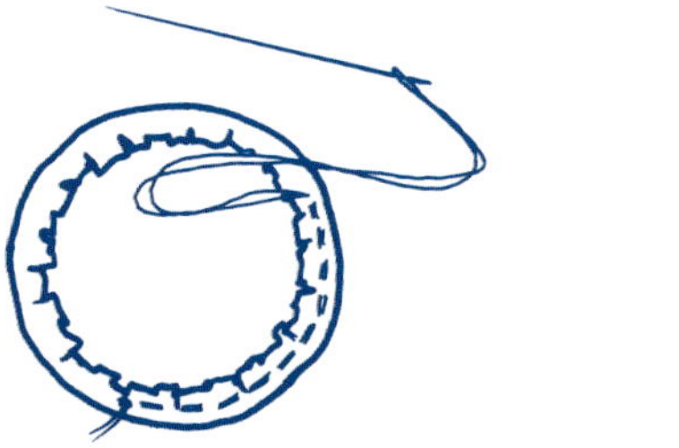

2.

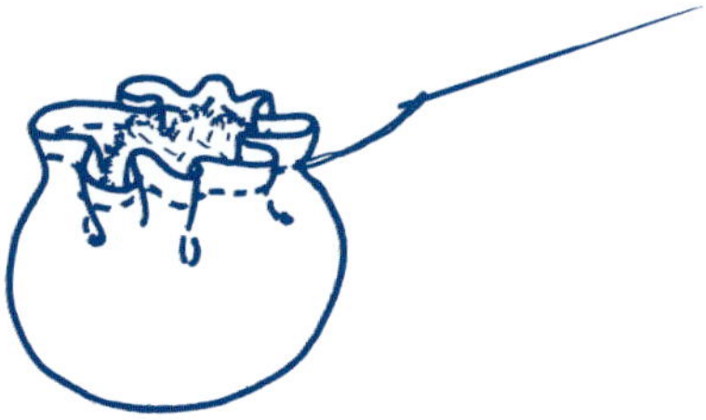

Folklore-Jäckchen

Modell von S. 18

Basiskleidungsstück

Schwarzer Strickpulli mit Zöpfen und Noppen, rundem Halsausschnitt und langen Ärmeln.

Material

- Roter Stoff mit Japanmotiven: 110 x 30 cm
- Verschluss aus Haken und Öse
- Nähgarn: schwarz, rot
- Perlgarn 5 oder 8: rot, dunkelrosa, hellrosa

Ausrüstung

- Grundausstattung (siehe Seite 149)
- Nähmaschine
- Sticknadel

Nähtechniken siehe Seiten 150 bis 153

Tipps und Tricks

Die Länge der Bordüren hängt von den Maßen des Pullovers ab. Um sie zu ermitteln, messen Sie die Länge des Vorderteils, addieren die Hälfte der Länge rund um den Halsausschnitt hinzu und rechnen nochmals 5 cm hinzu. Eventuell genügt Ihnen ein Stoff von geringerer Breite (zum Beispiel 90 cm).

1. Der Pulli wird zur Jacke!

Breiten Sie den Pulli aus. Stecken Sie auf dem Vorderteil genau auf die halbe Breite mit Stecknadeln vom Bund bis zum Halsausschnitt eine Linie ab (orientieren Sie sich am Strickmuster, um das Vorderteil symmetrisch aufzuteilen).
Schneiden Sie das Teil sorgfältig an dieser Linie durch. Sie brauchen hierfür eine gute Schere.
Versäubern Sie die Schnittkanten im überwendlichen Stich mit doppeltem schwarzem Faden.

2. Die Bordüren anfertigen

Markieren Sie auf der Rückseite des Stoffs über die gesamte Breite zwei Streifen von 4,5 cm Höhe und schneiden Sie sie aus. Die beiden langen Kanten und eine kurze links auf links 1 cm umklappen und einbügeln. Die Streifen der Länge nach links auf links in der Mitte falten und bügeln.

Stecken Sie einen Streifen durch alle Lagen der Länge nach an eine der Vorderseiten der Jacke. Die kurze Kante schließt bündig mit dem unteren Saum ab. Der Stoff sollte unbedingt locker auf der Jacke aufliegen und sie nicht dehnen. Mit doppeltem schwarzem Faden den Streifen vom Bund bis zum Halsausschnitt im Saumstich aufnähen (**Zeichnung 1**). Dann die Bordüre von der Rückseite aufnähen. Zum Schluss die Naht am unteren Ende der Bordüre zunähen.

Markieren Sie mit einer Stecknadel die Mitte des Halsausschnitts im Nacken. Knicken Sie den Streifen an der Ecke des vorderen Halsausschnitts im 45°-Winkel um und stecken Sie ihn bis zur Markierung am Rücken fest (**Zeichnung 2**). Den Stoff mit 1 cm Nahtzugabe abschneiden. Letztere links auf links umklappen, sodass die Bordüre bündig an der Markierung abschließt. Wie zuvor den Streifen erst von rechts, dann von links auf die Jacke nähen und das eingeschlagene Ende mit einigen Stichen fixieren. Nähen Sie auf dieselbe Weise die zweite Bordüre auf die andere Seite der Jacke.

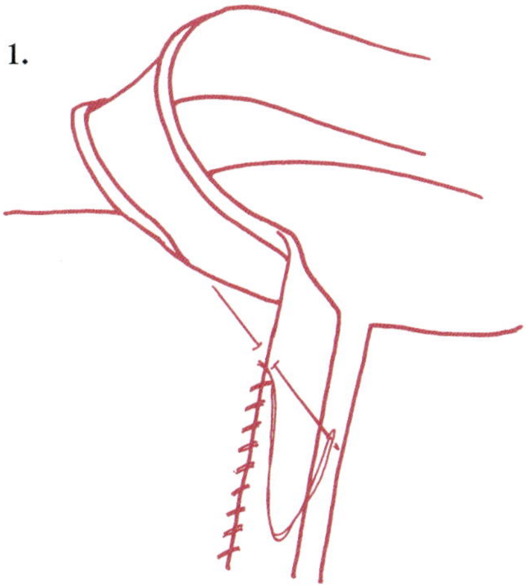

1.

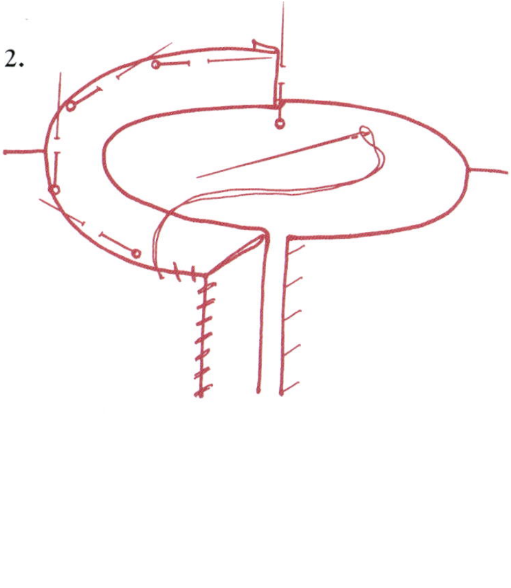

2.

Fortsetzung von Folklore-Jäckchen

3. Die Schleife nähen

Zeichnen Sie auf die linken Seite des Stoffs je ein Rechteck von 35 x 14 cm und 5 x 2,5 cm.

3.

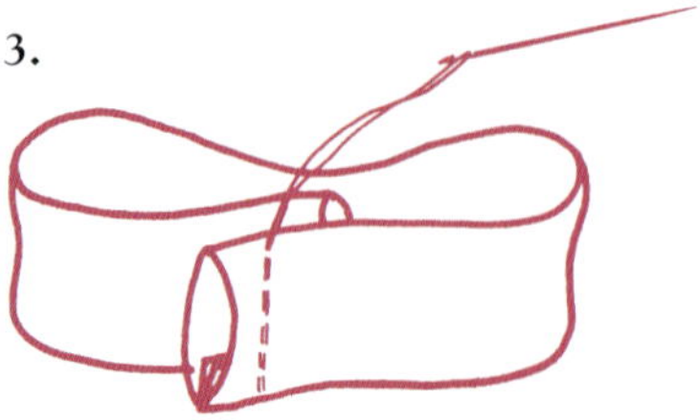

4.

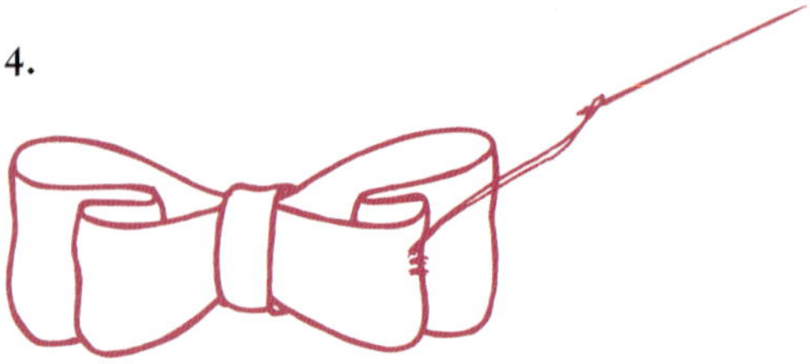

Falten Sie das große Rechteck in der Mitte, rechts auf rechts, sodass es nun 7 cm breit ist. Die langen Kanten 0,5 cm vom Rand absteppen. Dieses Band auf rechts wenden und bügeln. Auf die Hälfte falten, um die Mitte der Breite zu markieren, und wieder auffalten. Nun die Enden zur Markierung falten und um 1 cm überlappen lassen. Mit doppeltem Faden im Vorstich durch alle Stofflagen hindurch eine Naht einziehen **(Zeichnung 3)**. Am Faden ziehen, um den Stoff maximal zu kräuseln, und anschließend sorgfältig vernähen.

Die langen Kanten des kleinen Rechtecks links auf links 0,5 cm umklappen und einbügeln. Um die geraffte Naht des großen Streifens wickeln und auf der Rückseite um 0,5 cm überlappen lassen. Mit festen Stichen zusammennähen.

Die Stoffschlaufen auf beiden Seiten zur Mitte einfalten, um die Illusion einer doppelten Schleife zu geben. Alle Enden sollten gleich lang sein. Die Form mit einigen Stichen fixieren **(Zeichnung 4)**.

Nähen Sie die Schleife mit kleinen, festen und unsichtbaren Stichen auf die rechte Seite der Jacke, an die Ecke des Halsausschnitts. Nähen Sie die eine Hälfte des Hakenverschlusses an die Innenseite unter die Schleife, anschließend die andere Hälfte an die Innenseite des anderen Vorderteils.

4. Stickerei

Betonen Sie das Zopfmuster auf der Vorderseite der Jacke, indem Sie mit Perlgarn im Rückstich einige Konturen nachsticken. Wechseln Sie nach Belieben die drei Farben ab. Die Noppen mit Geradstich nachsticken. Wenn Sie die Farben aneinanderreihen, erhalten Sie schöne Farbabstufungen.

Modell von S. 22

Rotmäntelchen

Basiskleidungsstück

Veloursmantel aus dunkelroter Wolle mit vertikalen Taschen.

Material

- Stoff in Pflaume mit ziegelrot-weißem Muster: 110 x 50 cm
- bemalte Perlmuttknöpfe: Anzahl und Größe entsprechend den Knopflöchern
- Rotes Nähgarn
- Perlgarn 5 oder 8, rot

Ausrüstung

- Grundausstattung (siehe Seite 149)

Nähtechniken siehe Seiten 150 bis 153

Tipps und Tricks

- Sie können die Bordüren ruhig so anlegen, dass sie die Nahtlinien Ihres Mantels betonen.
- Es ist nicht unbedingt notwendig, die Form des Kragens zu ändern.

1. Den Kragen anfertigen

Zuschneiden

Breiten Sie den Kragen flach aus. Zeichnen Sie die Ecken leicht abgerundet nach **(Zeichnung 1)**. Schneiden Sie den Stoff an der Markierung aus. Messen Sie die Länge der langen äußeren Kante sowie der beiden kurzen Seitenkanten = L.

1.

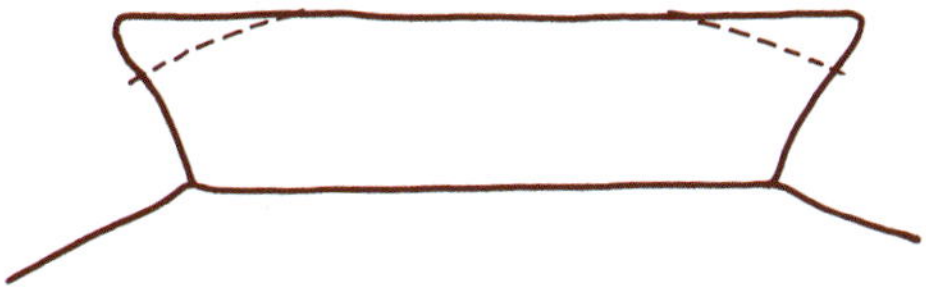

Fortsetzung von Rotmäntelchen

2.

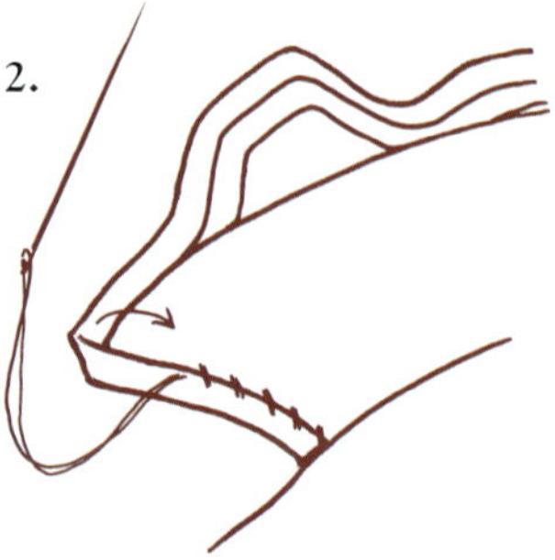

3.

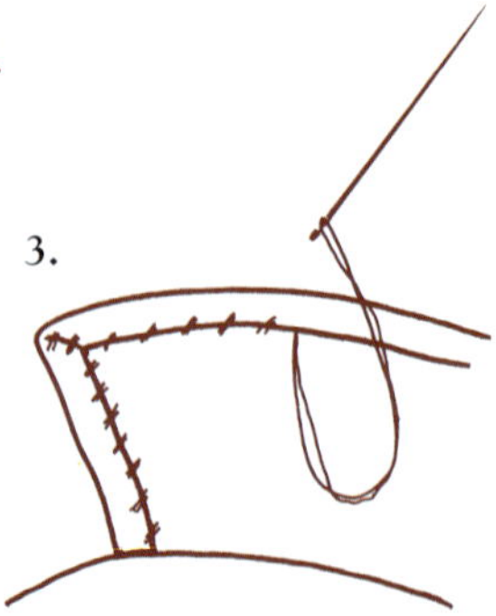

Zierstreifen
Auf die Rückseite des Stoffs einen Streifen mit den Maßen L x 2 cm zeichnen. Mit 0,5 cm Nahtzugabe rundum zuschneiden. Die Zugabe an allen vier Kanten links auf links umklappen und einbügeln. Den Streifen durch alle Stofflagen hindurch an den Kragen stecken und an den beiden Ecken jeweils im rechten Winkel falten (**Zeichnung 2**). Im Saumstich erst von rechts, dann von links aufnähen (**Zeichnung 3**).

Auf die linke Stoffseite einen Streifen von L x 0,8 cm zeichnen. Vorgehen wie zuvor, mit Nahtzugabe ausschneiden und diese umklappen. Im Abstand von 0,8 cm zur Randeinfassung auf den Kragen stecken und die Ecken exakt aufeinander abstimmen. Das zweite Ende auf die richtige Länge kürzen, 0,5 cm umklappen und im Saumstich aufnähen.

2. Die Ärmel verzieren
Um jeden Ärmel 9 cm über dem Handgelenk eine Linie zeichnen. Messen Sie den Ärmelumfang in Höhe der Linie = T.

Zeichnen Sie auf die Rückseite des Stoffs vier Streifen von T x 0,8 cm. Mit einer Nahtzugabe von 0,5 cm rundum zuschneiden und genauso wie die Streifen für den Kragen falten. Einen Streifen so auf die Markierung am Ärmel stecken, dass seine Enden bündig aneinandergrenzen. Im Saumstich aufnähen. Einen zweiten Zierstreifen 0,8 cm über den ersten nähen. Den zweiten Ärmel genauso verzieren.

3. Die Vorderteile verzieren
Zeichnen Sie auf beide Vorderteile je eine vertikale Linie in Verlängerung des Taschenschlitzes bis zum Saum. Messen Sie ihre Länge = Y. Zeichnen Sie parallel dazu eine zweite, um 1,6 cm in Richtung Knopfleiste versetzte Linie und verlängern Sie sie bis zu den Abnähern in Brusthöhe. Addieren Sie zu ihrer Länge die Strecke bis zum Armausschnitt sowie weitere 3 cm hinzu = Z (**Zeichnung 4**).

4.

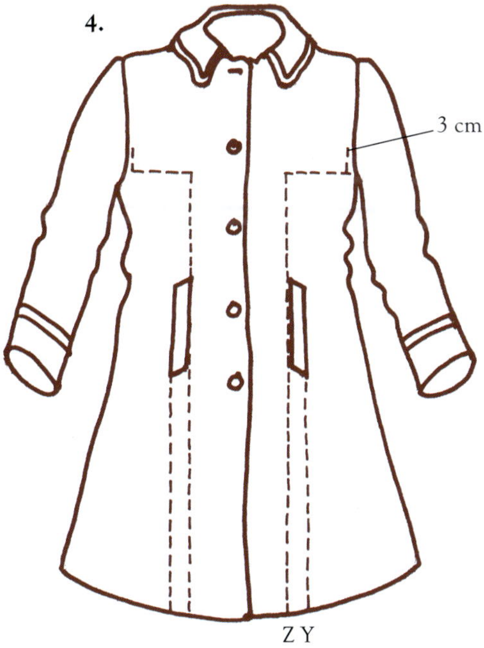

Zeichnen Sie auf die Rückseite des Stoffs vier Streifen von 0,8 cm Breite: zwei mit der Länge Y und zwei mit der Länge Z. Mit einer Nahtzugabe von 0,5 cm an allen vier Kanten zuschneiden. Anschließend wie die Zierstreifen für den Kragen und die Ärmel falten. Stecken Sie die Streifen mit einem Abstand von 0,8 cm auf die Markierungen. Bei den längeren Streifen die Ecken wie am Kragen legen.

4. Die Blumen anfertigen

Auf die Rückseite des Stoffs acht Streifen von 2 x 21 cm zeichnen. Zuschneiden. Die vier Kanten links auf links 0,5 cm umklappen. Falten Sie die Streifen der Länge nach auf die Hälfte und bügeln Sie die Kanten ein.

Formen Sie jeden dieser Streifen zur Blume: Die Streifen um einen zentralen Punkt in der Mitte in fünf Schlaufen legen **(Zeichnung 5)** und diese mit einigen unsichtbaren Stichen fixieren **(Zeichnung 6)**.

Die Blumen auf den Mantel nähen: am Bund der Ärmel, oberhalb der Taschenschlitze, auf die Ecken der Zierleisten in Brusthöhe sowie auf das Ende der Zierleiste direkt am Armausschnitt.

5.

6.

5. Nun noch an die Knöpfe denken!

Trennen Sie die ursprünglichen Knöpfe ab. Ersetzen Sie sie durch die neuen und nähen Sie diese mit Perlgarn auf.

POP-KULT

Like a virgin

Mit einer zarten Blume am Träger und applizierten Blättern aus Tüll, hier und da von leichten Farbtupfern untermalt, macht dieses blütenweiße Top wunschlos glücklich!
Anleitung S. 60

Tunika Disco

Die lustigen Blubberblasen des T-Shirts werden von den Pailletten wieder-aufgegriffen: Die kleinen zieren den Halsausschnitt wie glänzende Schuppen, die großen Pailletten darunter tanzen lustig bei jedem Schritt mit. Welche Farbenpracht!
Anleitung S. 62

T-Shirt Flashdance

Ein schwarzes Poloshirt – nach der Verwandlung. Mit neuer Knopfleiste, einem Gürtel im Elfenbeinton, bunten Pailletten und einer raffinierten Schleife auf dem Rücken beweist das neue alte Stück Stil!

Anleitung S. 64

Kleid mit Raff und Rüsche

Aus einem einfachen Sommerkleid wird ein absolut umwerfendes Stück. Kaschieren Sie die Knöpfe, sorgen Sie mit bunten Bordüren für Kontraste, ergänzen Sie hippe Schleifen. Die Stadt liegt Ihnen zu Füßen!

Anleitung S. 66

Top Night fever

Um dieses Oberteil wird man Sie beneiden. Das Top aus Strick mit Perlen und Perlmuttknöpfen auf einer hellrosa Biese wirkt äußerst feminin, ein ganz klein wenig *girly*!

Anleitung S. 68

Blütenfest

Treiben Sie Ihren Kleidern den Winter aus! Es geht ganz leicht: Sie sticken Pailletten in Blumenform auf und verzieren die Schulter mit einer zarten Blüte aus Spitze. Superschick.

Anleitung S. 70

Hongkong Girl

Radikalkur für ein langes Kleid mit kurzen Ärmeln: Es wird zur Tunika im Kimono-Stil. Die Motive werden durch Goldmalerei hervorgehoben; ein Stoff mit lebhaftem Rosenmotiv fasst Ärmel und Dekolleté ein: Tolle Effekte für glanzvolle Abende!
Anleitung S. 72

Rock Duty free

Heben Sie ab mit diesem Minirock aus Jeansstoff, auf den Sie einfach ein Flugzeug sticken. Turbulenzen garantiert ...
Anleitung S. 76

Modell von S. 45

Like a virgin

Basiskleidungsstück

Weißes Top mit Spaghettiträgern, das Vorderteil an der Mitte des Halsausschnitts leicht gekräuselt.

Tipps und Tricks

Vernähen Sie bei der Stickarbeit den Faden nach jedem Motiv, bevor Sie zum nächsten übergehen.

1. Die Motive applizieren

Vorbereitung

Fotokopieren Sie die Motive der Applikationen von Seite 158 jeweils zweimal auf 173 % . Schneiden Sie die Motive aus der einen Kopie entlang der blauen Linien, aus der anderen entlang der gelben Linien aus. Die vier Blumen auf 114 % kopieren und ausschneiden.

Stecken Sie die Schablonen auf den Stretch-Tüll. Die Formen auf den Stoff übertragen und ausschneiden.

Vollständig aufgenähte Applikationen

Arrangieren Sie die beiden Teile mit den blauen Konturen wie auf Seite 158 gezeigt und stecken Sie sie auf das Vorderteil. In 0,2 cm Abstand zur Kante im Vorstich aufnähen. Verwenden Sie dazu Perlgarn in verschiedenen Farben (**Zeichnung 1**). Grenzen Sie bestimmte Bereiche ab und sticken Sie sie im Vorstich aus.

Partiell aufgenähte Applikationen

Stecken Sie die Teile mit den gelben Umrissen wie auf dem Foto gezeigt über die ersten Applikationen. Nähen Sie sie mit

MATERIAL

- Weißer Stretch-Tüll: 50 x 50 cm
- Perlgarn 5 oder 8: marineblau, himmelblau, orange, gelb, schokoladenbraun
- Silberzwirn

AUSRÜSTUNG

- Grundausstattung (siehe Seite 149)
- Sticknadel

Nähtechniken siehe Seiten 150 bis 153

einer einzelnen Reihe im Vorstich mit dem Silberzwirn auf **(Zeichnung 2).**

2. Vollendung mit Charme: die Blume

Legen Sie die vier Blumen in absteigender Größe aufeinander, die größte nach unten, die kleinste nach oben. Am Ansatz eines Trägers positionieren und mit einigen Stichen in der Mitte aufnähen. Verwenden Sie dazu den Silberzwirn.

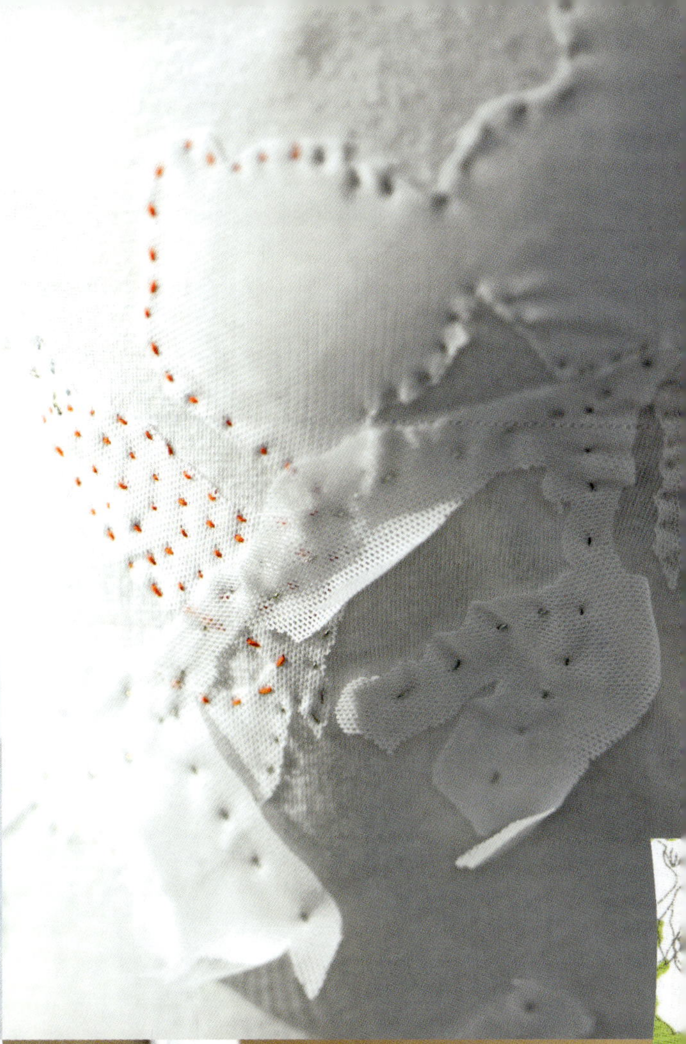

1.

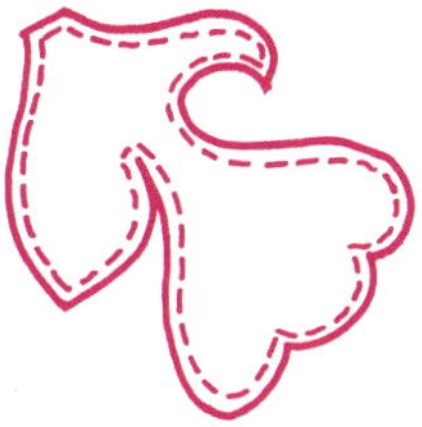

2.

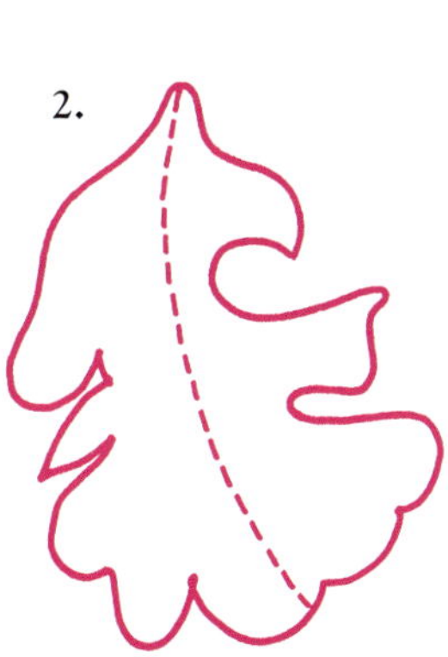

Modell von S. 46

Tunika Disco

Basiskleidungsstück

Langes T-Shirt aus fließendem Jersey, weiß mit blauen Punkten, Rundausschnitt mit 3 cm breiter Blende.

1. Verzierung des Halsausschnitts

Nähen Sie auf die Blende am Halsausschnitt fünf parallele Reihen mit kleinen Pailletten. Verwenden Sie das Perlgarn und nehmen Sie je Reihe Pailletten von einer Farbe. Nähen Sie die Pailletten schuppenartig, einander leicht überlappend, mit Rückstich auf, und vernähen Sie den Faden erst, wenn er vollständig aufgebraucht ist **(Zeichnungen 1 und 2)**.

2. Die große Pailletten aufnähen

Nähen Sie die großen Pailletten einzeln mit Perlgarn auf die Vorderseite des T-Shirts: Vernähen Sie den Faden nach jeder Paillette. Beginnen Sie an der äußersten Reihe der kleinen Pailletten, um die beiden Bereiche miteinander zu verbinden. Verteilen Sie die anderen anschließend gleichmäßig über die Brust. Gehen Sie Farbe für Farbe vor, damit ein harmonisches Gesamtbild entsteht.

MATERIAL

- Pailletten in Metallic-Optik mit 0,5 cm Durchmesser (Loch zentriert): nachtblau, blau, silber, rot, fuchsiafarben
- Pailletten, 2,5 cm Durchmesser (Loch seitlich): 4 in Rosa, 4 in Orange, 3 in Hellgrün, 3 in Grün metallic
- Perlgarn 5 oder 8, weiß

AUSRÜSTUNG

- Grundausstattung (siehe Seite 149)
- Sticknadel

Nähtechniken siehe Seiten 150 bis 153

1.

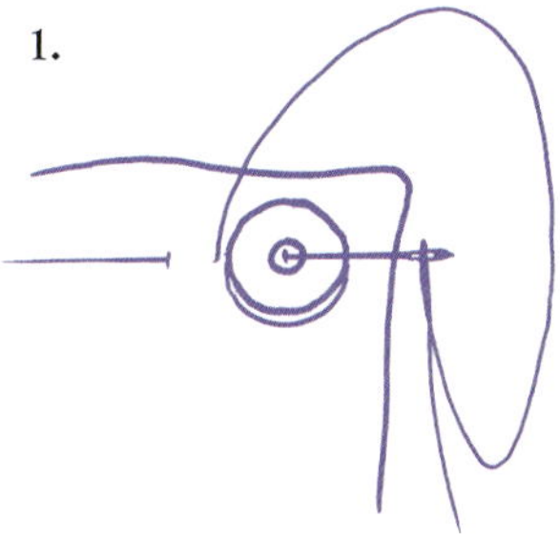

2.

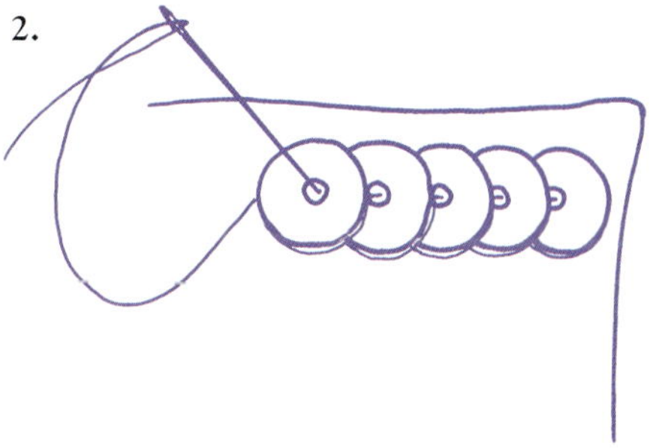

Modell von S. 48

T-Shirt Flashdance

Basiskleidungsstück

Schwarzes T-Shirt mit Polokragen und Druckknopfleiste und kurzen geschlitzten Ärmeln mit Druckknopf. Details aus Satin (Borte an der Knopfleiste).

Material

- Schwarzer Satin: 30 x 10 cm
- Elfenbeinfarbener Stoff mit schwarzen Kreisen: 90 x 50 cm
- Pailletten, 0,5 cm Durchmesser (Loch zentriert): irisierendes Schwarz, rot, rosa, knallgelb, kanarienblau, gold
- Pailletten, 1 cm Durchmesser (Loch seitlich), transparent blau
- 1 Druckknopf, 2 cm Durchmesser
- Nähgarn: schwarz, weiß
- Perlgarn 5 oder 8, schwarz

Ausrüstung

- Grundausstattung (siehe Seite 149)
- Nähmaschine
- Sticknadel

Nähtechniken siehe Seiten 150 bis 153

1. Die Knopfleiste kaschieren

Trennen Sie die Knöpfe ab. Messen Sie die Länge und die Breite der Knopfleiste. Zeichnen Sie auf die Rückseite des Satins einen Streifen von diesen Maßen und schneiden Sie ihn mit einer Nahtzugabe von 0,5 cm rundum aus. Die Nahtzugabe links auf links umklappen und die Kante einbügeln. Den Streifen so auf die Knopfleiste stecken, dass sie verdeckt ist, und besonders am Hals und am Ausschnitt exakt anfügen. Die vier Kanten im Saumstich annähen.

2. Kleines Detail mit Klasse

Nähen Sie mit dem Perlgarn eine Reihe schwarz schimmernder Pailletten auf die Schulternaht.

3. Den Gürtel anfertigen

Das Band

Messen Sie Ihren Taillenumfang und rechnen sie 2 cm hinzu = T. Auf die Rückseite des elfenbeinfarbenen Stoffs einen Streifen von T x 0 cm zeichnen und mit 1 cm Nahtzugabe rundum zuschneiden. Falten Sie ihn der Breite nach in der Mitte, rechts auf rechts. Steppen Sie die vier Seiten 1 cm vom Rand ab und lassen Sie in der Mitte der langen Seite einen 10 cm langen Schlitz. Schneiden Sie dann die Nahtzugaben an allen vier Ecken von der Naht aus im 45°-Winkel ab.

Den Streifen auf rechts wenden, die Kanten am Schlitz links auf links 1 cm einschlagen und im Saumstich zunähen. Bügeln. Die langen Seiten im Plattstich mit Perlgarn verzieren und verstreute Pailletten aufnähen.
Einen langen Faden auffädeln und doppelt nehmen. An einer kurzen Seite 0,5 cm vom Rand mit Vorstich einnähen. Den Faden anziehen, um den Stoff maximal zu kräuseln, und sicher vernähen. Eine zweite Kräuselnaht 2 cm neben der ersten einziehen. Die andere kurze Seite ebenso kräuseln. Nähen Sie den Druckkopf fest auf die Kräuselung auf.

Falsche Schleife
Zeichnen Sie auf die Rückseite des weißen Stoffs drei Streifen von 20 x 14 cm. Mit einer Nahtzugabe von 1 cm rundum zuschneiden. Wie das Band falten und absteppen.
Fädeln Sie Nähgarn auf und legen Sie es doppelt. Ziehen Sie im Vorstich über die Mitte eines Streifens eine vertikale Naht ein, von einer langen Kante zur anderen. Den Faden anziehen, um den Stoff zu kräuseln, und vernähen. Den Streifen an der Kräuselung falten. Mit den anderen Streifen ebenso verfahren. Legen Sie die drei gefalteten Teile aufeinander und nähen Sie die gekräuselten Seiten im überwendlichen Stich durch alle Lagen hindurch zusammen. Auf ein Ende des Bandes nähen.

Aufnähen
Breiten Sie das T-Shirt flach aus. Stecken Sie auf beide Seitennähte 12 cm unter den Ärmelansatz horizontal eine Stecknadel. Auf das Vorderteil in derselben Höhe genau mittig vertikal eine Stecknadel stecken. Auch die Mitte der Oberkante des Gürtels so markieren. Den Stoff an dieser Nadel auf die Nadel des Vorderteils legen und die Seiten auf die seitlichen Nadeln. Feststecken. Nun mit Perlgarn bei den seitlichen Nadeln annähen: Mit der Nadel 1 mm unter der Oberkante auf der rechten Stoffseite des Gürtels ausstechen, dann 2 cm darüber in das T-Shirt einstechen. Mit einem kleinen Stich fixieren. Den 2 cm langen Faden mit Langettenstich verstärken, dann das Garn auf der Rückseite vernähen (**Zeichnung unten**).

Modell von S. 50

Kleid mit Raff und Rüsche

Basiskleidungsstück

Gerade geschnittenes rotes Sommerkleid aus Leinen und Baumwolle mit Spaghettiträgern, rundem Ausschnitt und 80 cm langer Knopfleiste.

1. Die Knopfleiste vereinfachen

Trennen Sie die Knöpfe ab. Messen Sie die Länge und die Breite der Knopfleiste. Zeichnen Sie einen Streifen mit diesen Maßen auf die Rückseite des roten Stoffs. Mit einer Nahtzugabe von rundum 0,5 cm zuschneiden. Die Nahtzugabe links auf links umklappen und einbügeln. Den Streifen so auf das Kleid stecken, dass die Knopflöcher verdeckt sind, und am Halsausschnitt sowie am Ende der Knopfleiste sehr sorgfältig anlegen. Alle vier Kanten im Saumstich aufnähen und die Druckknöpfe annähen.

2. Den unteren Saum verzieren

Wenn Ihr Kleid keine Schlitze hat, trennen Sie die Seitennähte 10 cm auf und blindsäumen die Nähte auf der Rückseite. Fädeln Sie einen langen Faden auf und legen Sie ihn doppelt. Ziehen Sie ihn mit Vorstich 0,2 cm vom Rand durch den Saum des Vorderteils. Dann am Faden ziehen, bis das Vorderteil von einer Seite zur anderen nur noch 38 cm breit ist. Den Faden vernähen. Den hinteren Saum genauso bearbeiten. Zwei Streifen von 40 x 7 cm auf die Rückseite jedes Stoffs zeichnen und zuschneiden. Legen Sie jeweils einen unifarbenen und einen gemusterten Streifen rechts auf rechts aufeinander. Die beiden kurzen Kanten und eine lange 1 cm vom Rand absteppen. Schneiden Sie an den beiden Ecken die Nahtzugaben im 45°-Winkel ab. Die Streifen auf rechts wenden.

Material

- Roter Stoff: 110 x 15 cm
- Heller Stoff mit Blumenmuster: 110 x 15 cm
- Blauer Stretch-Tüll: 80 x 10 cm
- Nähgarn, farblich auf das Kleid abgestimmt
- 4 Druckknöpfe (oder mehr), 1,4 cm Durchmesser

Ausrüstung

- Grundausstattung (siehe Seite 149)
- Nähmaschine

Nähtechniken siehe Seiten 150 bis 153

Klappen Sie die offenen Kanten links auf links 1 cm um und bügeln Sie die Kante ein. Streifen Sie ein Teil über den vorderen Saum, sodass das Blumenmuster außen liegt und es den Saum um 0,5 cm überlappt. Feststecken und anschließend von rechts und von links im Saumstich annähen. Nähen Sie auf dieselbe Weise den zweiten Streifen an den hinteren Saum.

3. Den Ausschnitt verzieren

Die Mitte des Halsausschnitts am Rücken mit einer Stecknadel markieren. Messen Sie den Ausschnitt von der Nadel bis zur Knopfleiste und rechnen Sie 2 cm hinzu = L.
Zwei Streifen von L x 7 cm auf die Rückseite der Stoffe zeichnen und zuschneiden. Legen Sie jeweils einen unifarbenen auf einen gemusterten Streifen, rechts auf rechts. Die vier Kanten 1 cm vom Rand absteppen, aber in der Mitte einer langen Seite einen 5 cm langen Schlitz lassen. Die Nahtzugaben an den vier Ecken im 45°-Winkel abschneiden. Die Streifen auf rechts wenden. Die Kanten am Schlitz links auf links 1 cm umklappen und im Saumstich zunähen.
Legen Sie den gemusterten Stoff links auf das Kleid, stecken Sie einen Streifen von der Nadel am Ausschnitt bis zum Ende der Knopfleiste fest. Im Saumstich aufnähen und anschließend auf die rechte Seite des Kleides umschlagen.
Verfahren Sie ebenso, um den zweiten Streifen auf die andere Hälfte des Ausschnitts zu nähen.

4. Detail mit Witz: die Schleifen

Schneiden Sie aus Tüll zwei Streifen von 80 x 5 cm zu. Wie die Streifen für den Halsausschnitt vorbereiten. Zu Schleifen binden und unsichtbar am Ansatz der Träger aufnähen.

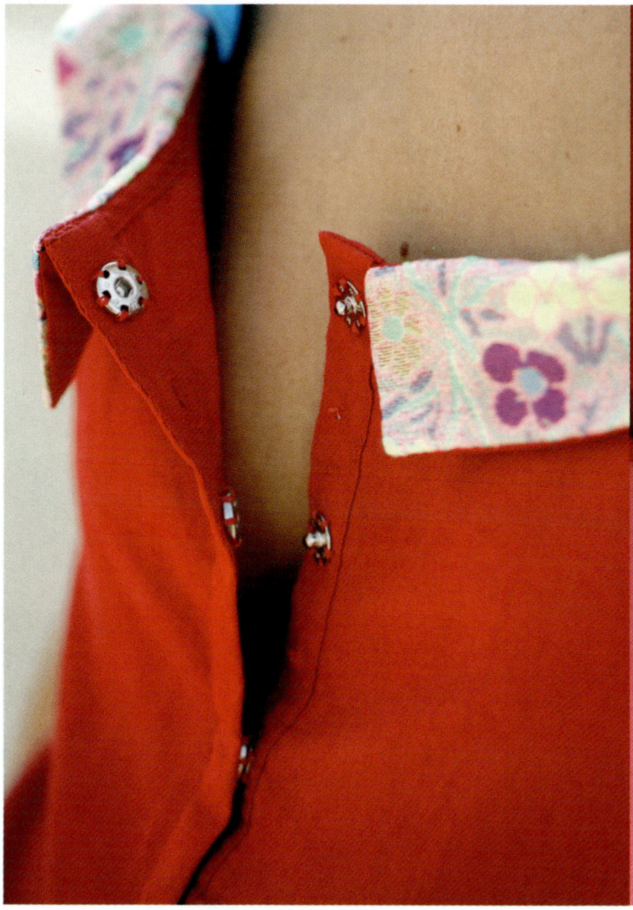

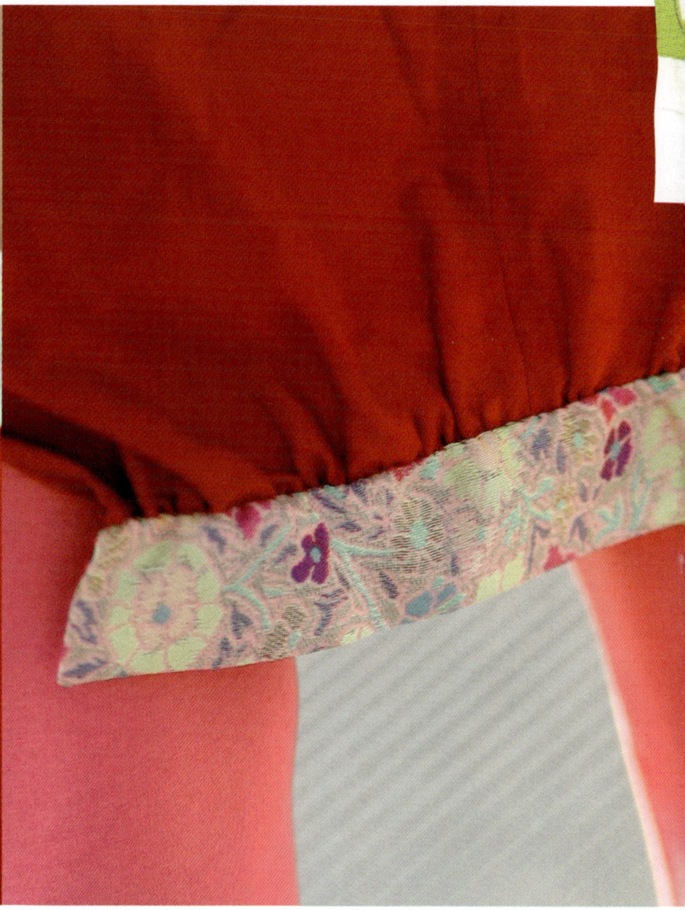

Modell von S. 52

Top Night fever

Basiskleidungsstück

Dicht gestrickter Angorapulli mit Rundausschnitt und langen Ärmeln.

Tipps und Tricks

Die Paspel verleiht dem Pullover an den Schnittkanten Festigkeit. Wenn Sie sie ansetzen, dehnen Sie den Pullover ein wenig, um ihn in Form zu bringen, ohne zu übertreiben ... es ist alles eine Frage der Maße!

Material

- 250 cm Paspel in Hellrosa
- 45 kleine Perlmuttknöpfe
- Rocaille-Perlen in verschiedenen Größen, Farben und Formen, matt und glänzend
- Schwarzes Nähgarn

Ausrüstung

- Grundausstattung (siehe Seite 149)
- Nähmaschine

Nähtechniken siehe Seiten 150 bis 153

1. Als erstes: ein hübsches Dekolleté!

Breiten Sie den Pulli flach aus. Stecken Sie die Schablone so auf die Vorderseite, dass das obere Ende des Trägers auf dem kragenseitigen Ende der Schulternaht aufliegt. Übertragen Sie die Umrisse mit großen Vorstichen und Heftfaden. Die Schablone auf dieselbe Weise spiegelverkehrt auf die zweite Hälfte des Vorderteils übertragen. Falls nötig, schließen Sie die Lücke zwischen beiden Ausschnitthälften durch eine horizontale Linie im Vorstich. Verfahren Sie mit dem Rückenteil ebenso, übertragen Sie aber nur die Armausschnitte (der hintere Halsausschnitt bleibt, wie er ist).

Versäubern Sie die Markierungen mit sehr kleinem Zickzackstich und achten Sie darauf, den Stoff dabei nicht zu dehnen. Damit die Maschen auch wirklich gut vernäht sind, versäubern Sie die Markierungen ein zweites Mal, exakt über der ersten Naht. Entfernen Sie die Heftfäden.
Schneiden Sie den Strick 0,1 cm neben den versäuberten Nähten ab. Dafür benötigen Sie eine sehr scharfe Schere.

2. Die Paspel aufnähen
Die Schnittkanten an den Armausschnitten und dem Kragen (auch am Rücken) links auf links 0,7 cm umklappen. Im Saumstich annähen.
Die Paspel an einen Armausschnitt stecken: Von der linken Seite auf den Pulli legen, sodass der Rand der Paspel an der Schnittkante leicht übersteht. Die Enden im rechten Winkel abknicken, aneinanderlegen und eventuell kürzen.
Die Paspel im Saumstich aufnähen und nur in die Unterkante der ersten Stofflage einstechen (**Zeichnung 1**). Die Enden ebenfalls im Saumstich aneinandernähen (**Zeichnung 2**). Nähen Sie die anderen Bordüren auf dieselbe Weise an.

1.

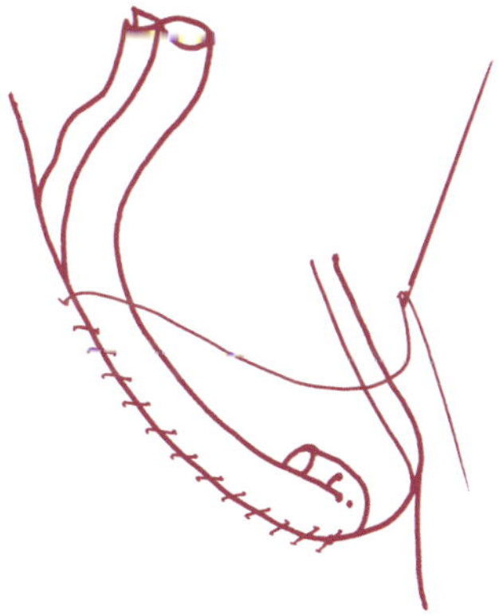

2.

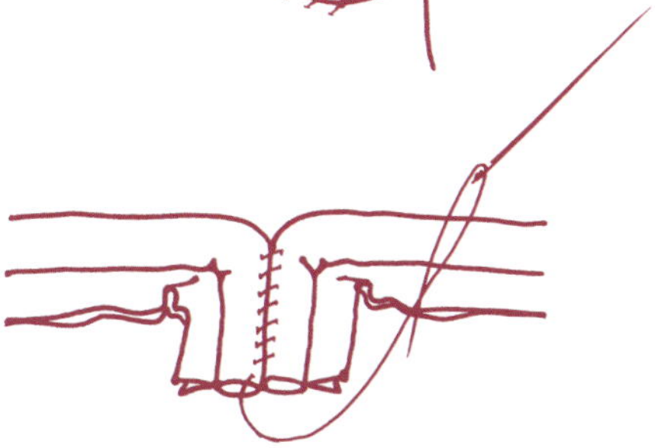

3. Verzieren
Nähen Sie die Perlen mit doppeltem Faden rund um den Halsausschnitt und die Armausschnitte auf. Verteilen Sie sie wie zufällig, einzeln oder in Gruppen. Nähen Sie sie nur auf die Strickarbeit, nicht aber auf die Paspel. Verfahren Sie beim Annähen der Knöpfe genauso.

Modell von S. 54

Blütenfest

Basiskleidungsstück

Blaugraue Wickeljacke mit vier Knöpfen am Bund.

1. Die Paillettenblumen applizieren

Zeichnen Sie auf dem oben liegenden Teil der Wickeljacke die Position der Blumen durch eine kleine Markierung auf. Lassen Sie sich bei Ihrer Komposition von den Fotos inspirieren: Sehen Sie am Bund mehrere Blumen vor, etwas weniger an der Schulter und vereinzelte entlang der Wickelkante. Nähen Sie die Pailletten mit zwei Fäden Zwirn an und vernähen Sie das Garn nach jeder Blume auf der Rückseite.

Blumen mit vier Blütenblättern

Mit der Nadel auf der rechten Stoffseite an der Markierung ausstechen. Eine 0,4 cm große Paillette aufziehen, an ihrer Kante wieder einstechen und den Faden auf der Rückseite anziehen. Drei weitere Pailletten in Kreuzform aufnähen. Dabei jedes Mal in der Mitte der Blume ausstechen.

Blumen mit acht oder zwölf Blütenblättern

Nehmen Sie die Pailletten mit 0,6 cm Durchmesser. Nähen Sie zwei bzw. drei Blumen mit je vier Blütenblättern und lassen sie sie ein wenig überlappen. Drehen Sie jede Blume mit vier Blütenblättern um 45° im Verhältnis zur vorhergehenden und versetzen Sie sie um einige Millimeter.

Dreidimensionale Blumen

Nähen Sie mehrere Pailletten mit zentralem Loch auf und stechen Sie dabei stets an derselben Stelle in den Stoff.

MATERIAL

- 90 cm Spitze, rosa und gelb, 16 cm breit, 1 eingefasste Kante
- Transparente Pailletten, 1 cm Durchmesser (Loch seitlich): gelb, blau
- Pailletten, 0,6 cm Durchmesser (Loch zentriert): zinnoberrot matt, schwarz glänzend
- Pailletten, 0,4 cm Durchmesser (Loch zentriert): rot irisierend
- Sicherheitsnadel
- Gelbe Nähgarn
- Blauer Zwirn

AUSRÜSTUNG

- Grundausstattung (siehe Seite 149)
- Nähmaschine
- Sticknadel

Nähtechniken siehe Seiten 150 bis 153

2. Die Zierblume anfertigen

Die Spitze auf 62 cm Länge zuschneiden. Die lange, nicht eingefasste Kante zweimal links auf links 0,5 cm umklappen und anheften. Mit den kurzen Kanten ebenso verfahren. 0,4 cm vom Rand absteppen.

Die lange abgesteppte Kante zweimal zum 4 cm breiten Akkordeon falten. Nähgarn auffädeln und doppelt legen. Mit großen Vorstichen durch alle Stofflagen durch den Umschlag, entlang der Steppnaht, einziehen (**Zeichnung rechts**). Den Faden kräftig anziehen, um die Spitze maximal zu kräuseln, anschließend vernähen. Öffnen Sie die Spitze zur Blüte.

Aus der restlichen Spitze drei Streifen von 3 cm Breite und 10 bis 30 cm Länge zuschneiden. Mit einem Ende auf die Unterseite der Blume nähen und die Sicherheitsnadel darunterstecken. Die Blume auf die Schulternaht des mit Pailletten verzierten Vorderteils stecken.

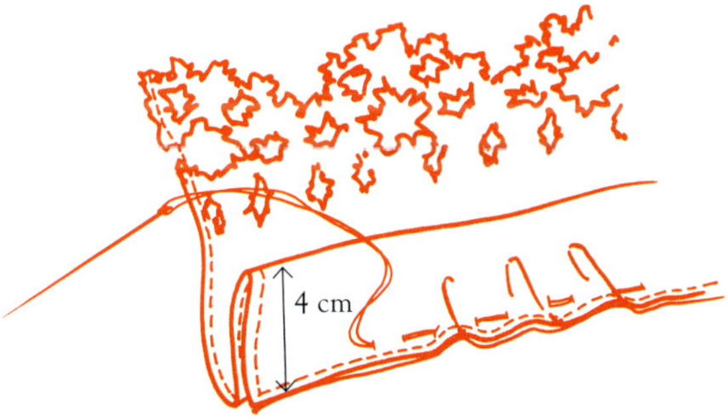

Modell von S. 56

Hongkong Girl

Basiskleidungsstück

Jersey-Kleid mit großem Blumendruck, V-Ausschnitt, aufgenähtem Gürtel, 110 cm Länge.

Tipps und Tricks

Die Elastizität des Jersey-Stoffs muss erhalten bleiben. Dazu können Sie das Kleidungsstück während der Änderung über eine Stuhllehne oder über festen Karton streifen, dessen Breite der Hälfte Ihres Brustumfangs entspricht.

1. Ein radikal neuer Look!

Trennen Sie die Ausschnittblende und den Gürtel dicht am Stoff ab. Breiten Sie das Kleid aus. 4 cm unterhalb der Spitze des Ausschnitts horizontal eine Linie zeichnen, 5 cm tiefer eine zweite. Den Stoff durch Vorder- und Rückseite gleichzeitig an der unteren Linie abschneiden.
Auf die abgeschnittene Stoffröhre 36 cm über dem Saum horizontal eine Linie ziehen und den Stoff hier abschneiden. Die Seitennähte des Jerseys ohne Saum auftrennen, sodass Sie zwei Bahnen erhalten.

2. Die Motive bemalen

Den Plastikbeutel zwischen die beiden Lagen der Stoffröhre legen. Die Blumen etwa 20 cm unter der Oberkante gold übermalen. Trocknen lassen und die Rückseite ebenso bemalen. Dann die Motive auf den Jersey-Bahnen 20 cm über der Unterkante bemalen. Trocknen lassen und die Farbe nach der Anweisung des Herstellers mit dem Bügeleisen fixieren.

MATERIAL

- Schwarzer Stoff mit Blumenmuster in Fuchsia: 90 x 50 cm
- Pailletten in mehreren Größen: fuchsiafarben, gelb, zinnoberrot, transparent rosa, transparent irisierend
- Nähgarn: schwarz, rosa
- 100 cm runde Gummilitze
- Textilfarbe in Gold, glänzend oder opak
- Plastikbeutel als Kleiderschutz während der Textilmalerei
- Fester Karton: etwa 25 x 10 cm

AUSRÜSTUNG

- Grundausstattung (siehe Seite 149)
- Nähmaschine
- Sicherheitsnadel
- Pinsel

Nähtechniken siehe Seiten 150 bis 153

3. Den Halsausschnitt einfassen

Mit einer Stecknadel die Mitte des Ausschnitts am Rückenteil markieren. Die Länge des Ausschnitts von der Stecknadel bis zur Spitze vorn messen und 1 cm hinzurechnen = L.
Auf die linke Seite des schwarzen Stoffs zwei Streifen von L x 6 cm zeichnen und zuschneiden. Bei beiden die vier Kanten links auf links 0,5 cm umklappen und einbügeln.
Stecken Sie die Streifen durch alle Stofflagen am Ausschnitt fest: In Höhe der Stecknadel schließen sie bündig ab. Auf der Vorderseite folgen Sie einfach der Form des Ausschnitts. Die Enden der Streifen werden später durch den Gürtel kaschiert. Im Saumstich aufnähen, erst von rechts, dann von links. Die Enden aufeinandernähen.

4. Der Rocksaum rückt nach oben ...

Die Oberkante der Stoffröhre mit Saum links auf links 1,5 cm umklappen. Heften, dann 1 cm vom Rand absteppen und am Ende eine Öffnung von 2 cm lassen. Das Gummiband mithilfe einer Sicherheitsnadel durch diesen Tunnel fädeln. An den Enden ziehen, bis die Breite der Stoffröhre wieder der des Oberteils des Kleids entspricht. Verknoten Sie die Enden, den Knoten in den Tunnel stecken und die Öffnung mit Saumstich schließen.
Die Röhre über das Kleid streifen und anstecken: Die Kräuselung auf die Markierung und die Seitennähte übereinanderlegen. Mit Rückstich entlang der Kräuselnaht aufnähen und darauf achten, dass das Gummi dabei nicht eingenäht wird, da es sich sonst nicht mehr dehnt.

Fortsetzung von **Hongkong Girl**

5. … und die Stoffreste werden zu Ärmeln

Vorbereitung

Orientieren Sie sich an Zeichnungen 1 und 2. Zeichnen Sie ein großes Trapez auf die Rückseite der beiden verbleibenden Jerseystreifen und zwei kleine auf die linke Seite des schwarzen Stoffs. Mit einer Nahtzugabe von rundum 1 cm zuschneiden. Auf die großen Trapeze 11 cm oberhalb der Unterkante horizontal eine Linie zeichnen. Jeweils ein Jerseyteil mit der linken Seite auf die rechte Seite des schwarzen Stoffs legen, sodass ihre 45 cm langen Kanten aufeinandertreffen, und 1 cm von der Kante absteppen. Schlagen Sie den schwarzen Stoff auf die rechte Seite des Jerseys um. Den Bruch einbügeln. Die Oberkante des schwarzen Stoffs links auf links 1 cm umklappen und an der Markierung auf den Jersey stecken. Mit Saumstich annähen.

Die Ärmel rechts auf rechts in der Mitte falten, sodass die langen Seiten aufeinandertreffen. Letztere in 1 cm Abstand zur Kante absteppen.

Zusammennähen

Messen Sie die Länge des Armausssschnitts am Saum und multiplizieren Sie sie mit zwei = T. Legen Sie die Ärmel flach aus. Stecken Sie auf jedem Ärmel auf den Bruch direkt gegenüber der Naht vertikal eine Stecknadel. Nähen Sie von beiden Seiten im Vorstich über einige Zentimeter einen Kräuselfaden in 0,5 cm Abstand zum Rand ein. Am Faden ziehen, bis der Ärmelumfang T enspricht, dann den Faden vernähen.

Wenden Sie das Kleid auf links. Schneiden Sie den Karton auf die Breite T:2 zu. Streifen Sie einen Ärmelansatz des Kleids darüber **(Zeichnung 3)**.

Den einen Ärmel über das Ganze schieben, sodass der Stoff mit der rechten Seite auf der linken Seite des Jerseys zu liegen kommt und er den Ärmelansatz um 1 cm überlappt. Die Seitennähte müssen übereinander zu liegen kommen. Den Ärmel anstecken und anschließend mit Rückstich aufnähen **(Zeichnung 4)**.

Wenden Sie die Arbeit auf rechts. Schieben Sie den Karton erneut in den Ärmelansatz und nähen Sie seinen Saum mit unsichtbaren Stichen auf den Ärmel. Verfahren Sie mit dem zweiten Ärmel genauso.

1.

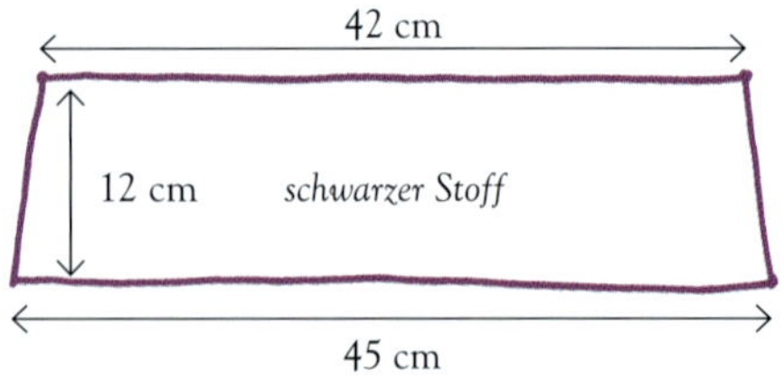

2.

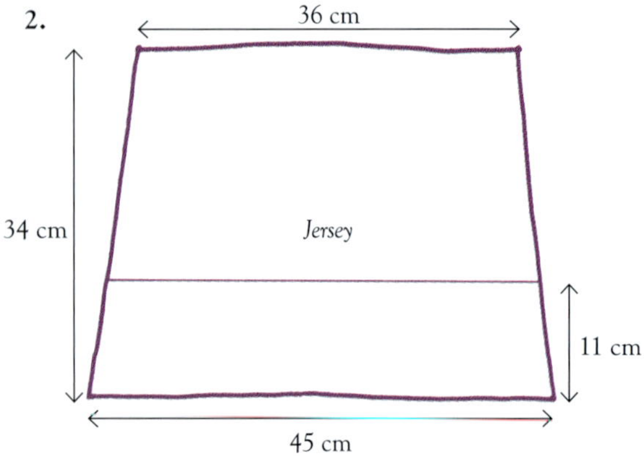

3.

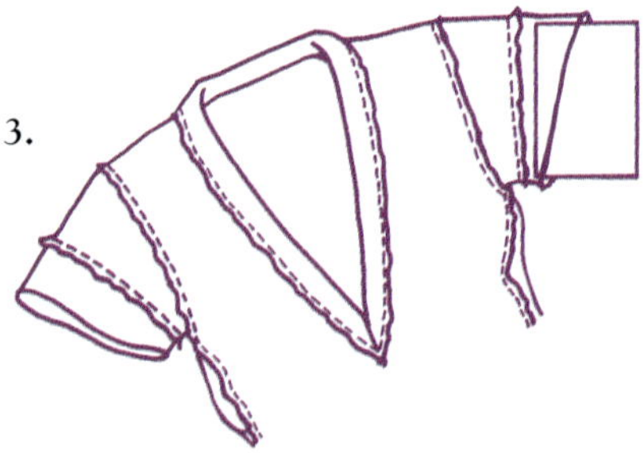

4.

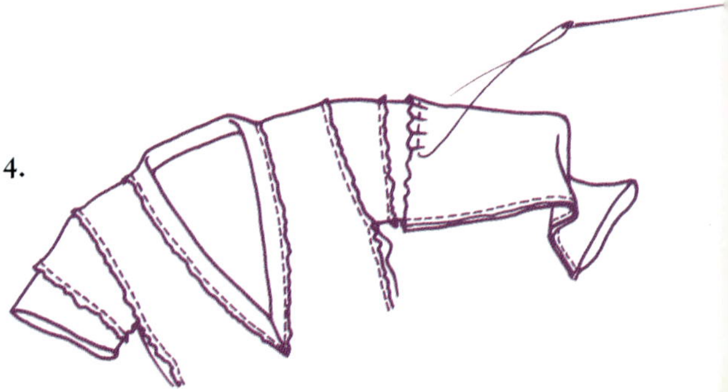

6. Den Gürtel anfertigen

Hauptstück

Auf die Rückseite des schwarzen Stoffs drei Streifen von 62 x 10 cm aufzeichnen und zuschneiden. An den Enden rechts auf rechs 1 cm von der Kante mit einer Steppnaht zusammennähen. Den Streifen in Längsrichtung rechts auf rechts auf die Hälfte falten. Die lange offene Kante und eine kurze 0,5 cm vom Rand absteppen. Den Gürtel auf rechts wenden. Die Kanten der kurzen offenen Seite links auf links 0,5 cm einklappen und mit Saumstich zunähen. Die Mitte einer Längskante mit einer Nadel markieren. Legen Sie den Gürtel 1 cm unterhalb des Ausschnitts an, sodass die Nadel senkrecht unter der Spitze liegt. Nähen Sie ihn mit einigen Stichen entlang der Mitte der oberen Kante auf.

Schlaufen

Schneiden Sie aus dem restlichen Jersey zwei Rechtecke von 5 x 2 cm zu. Bei beiden Teilen die Ränder um 0,5 cm umklappen und blindsäumen. Die Schlaufen nebeneinander in Höhe des Gürtels so auf die Mitte des Rückenteils stecken, dass ihre langen Seiten senkrecht liegen. An den kurzen Seiten fest aufnähen. Führen Sie nun die beiden Gürtelenden durch die jeweiligen Schlaufen.

7. Die Pailletten applizieren

Nähen Sie einzelne Pailletten mit doppeltem rosa Garn auf die bemalten Blumen. Nähen Sie jede Paillette mit einem Geradstich auf (da der Jersey-Stoff durch die Textilfarbe Festigkeit bekommen hat, können Sie alle Pailletten mit einem Faden aufnähen, das heißt, sie brauchen ihn nicht nach jeder Paillette zu vernähen).

Modell von S. 58

Rock Duty free

Basiskleidungsstück
Jeansrock, 50 cm lang.

Tipps und Tricks
Natürlich können Sie auch ein anderes Motiv wählen. Wichtig ist nur, dass seine Maße denen des Rockes angepasst werden. Wenn Sie ein Foto als Vorlage nehmen, pausen Sie die Konturen und Details ab, damit das Motiv plastischer wirkt, und kopieren Sie Ihre Zeichnung auf die passende Größe.

1. Das Motiv übertragen
Fotokopieren Sie die Vorlage von Seite 159. Legen Sie das Kopierpapier mit der beschichteten Seite auf das Vorderteil des Rocks. Legen Sie die Fotokopie darauf (beachten Sie, dass sich das Motiv bei unserem Modell bis auf die Rückseite und auf die hintere Tasche erstreckt). Stecken Sie sie durch alle Stoffschichten hindurch auf. Die Linien mit einer trockenen Spitze nachziehen und die Vorlage wieder abnehmen.

2. Stickerei
Orientieren Sie sich an den Fotos und sticken Sie das Motiv mit Perlgarn in verschiedenen Farben auf. Sticken Sie die längeren, äußeren Konturen im Stielstich, die feineren Linien im Steppstich und die Schraffuren im Geradstich.

MATERIAL
- Perlgarn 5 oder 8: schwarz, kandisbraun, mausgrau, orange, türkis, himmelblau, weiß, goldgelb
- Weißes Kopierpapier für Textilien

AUSRÜSTUNG
- Grundausstattung (siehe Seite 149)
- Sticknadel

Nähtechniken siehe Seiten 150 bis 153

RFG

RETRO

Top Charleston

Hier dreht sich alles um den Knopf! Lassen Sie Ihre alten Knöpfe nicht in einer Schachtel zuunterst in der Schublade verkümmern, sondern nutzen Sie sie als verschwenderisches Dekor auf den Ärmeln eines schwarzen T-Shirts, das unverziert recht nüchtern daherkam.
Anleitung S. 94

Caprihose Grease

Verleihen Sie Ihrer kurzen Hose für die Zwischensaison kurzerhand den Schulmädchen-Stil. Ideal dazu: Twin-Set und Ballerinas. Die Jugend tanzt!

Anleitung S. 96

Bluse Happy Days

Ein Rundkragen aus Baumwolle mit plissierter Borte, Knöpfe, die mit demselben Stoff bezogen sind, eine schmale Borte an den Ärmeln, die mit einer Schleife aus rosa Velours verziert ist, zarte Stickerei ... hier liegt die Finesse im Detail!

Anleitung S. 98

Rock Twist

Dieser Rock ist das optimale Kleidungsstück für die ersten Sonnentage des Jahres! Keilförmige Applikationen heben sich vom Untergrund in Uni ab, und die aufgemalten Kreise wirken geradezu plastisch. Lassen Sie sich von der raschelnden roten Tüllborte dazu verführen, sich ausgelassen im Kreis zu drehen!

Anleitung S. 100

Trägertop Montmartre

Es ist ganz einfach, dieses Trägertop: Man näht lediglich drei Träger aus verschiedenfarbigen Stoffen und unterschiedliche, lustige Knöpfe auf ... und schon wird ein unscheinbares Top zum Blickfang!

Anleitung S. 102

Hemdbluse Campus

Spielen Sie Babydoll mit dieser Hemdbluse. Der Kragen wird durch einen anmutigen, hochgeschlossenen Rundausschnitt ersetzt, den ein großer bezogener Knopf verschließt. Ein koketter Volant aus cremeweißem Stoff schafft die Illusion eines Einsatzes. Verziert wird er durch aufgenähte Perlmuttperlen und -knöpfe ... die Sixties lassen grüßen!

Anleitung S. 104

Perlenkonstellation

Ein Rock für den Nachmittag, der neu herausgeputzt auch dem Abend Glanz verleiht. Die Bahnen des Rocks sind mit schimmernden Motiven bemalt; bronzefarbene Perlen sorgen für einen schicken Kontrast. Ein Gürtel aus schwarzem Seidenkrepp betont elegant die Taille.
Anleitung S. 108

Tunika Quartier latin

Trompe-l'oeil-Effekt für einen klassischen roten Pullover mit rundem Kragen! Die gekürzten Ärmel sind unter kleinen Puffärmeln aus buntem Baumwollstoff verborgen. Aufgestickte falsche Taschen und Knöpfe am Ausschnitt spielen das Spiel mit.
Anleitung S. 110

Modell von S. 79

Top Charleston

Basiskleidungsstück

Schwarzes T-Shirt mit kurzen Ärmeln, V-Ausschnitt, langer Knopfleiste, vorzugsweise mit goldfarbener Verzierung der Säume an Ausschnitt und Ärmeln.

Material

- Kleine schwarze Ösenknöpfe: Zahl und Größe entsprechend den Knopflöchern
- Etwa 100 Knöpfe aus Perlmutt oder Glas, schwarz, 1 bis 1,7 cm Durchmesser
- Etwa zehn gemusterte Metallknöpfe im Antik-Look
- Etwa zehn kleine Anhänger aus Metall im Antik-Look
- goldener Baumwollzwirn
- Nähgarn: schwarz; golden, falls Sie die Säume verzieren möchten

Ausrüstung

- Grundausstattung (siehe Seite 149)
- Trennmesser
- Sticknadel
- Nähmaschine, wenn Sie die Säume verzieren möchten

Nähtechniken siehe Seiten 150 bis 153

Tipps und Tricks

- Oft findet man in Trödelläden und auf Flohmärkten komplette Sätze alter Knöpfe. Sehen Sie sich auch alte Kleidungsstücke genau an: Selbst wenn Sie damit nichts anfangen können, haben sie oft herrliche Knöpfe!
- Damit die Knöpfe in der Waschmaschine keinen Schaden nehmen, wenden Sie Ihr Top vor dem Waschen auf links.

1. Die Säume verzieren

Wenn Ihr T-Shirt keine verzierten Säume hat, können Sie sie selbst verschönern. Arbeiten Sie mit der Nähmaschine, auf der rechten Stoffseite, und verwenden Sie goldfarbenes Garn für Ober- und Unterfaden. Wählen Sie einen nüchternen, schmalen Stickstich. Sie können auch einfach zwei Reihen mit Zickzackstich mit Geradstich einfassen.

Stellen Sie Fadenspannung und Stichgröße so ein, dass die Ziernaht und damit der Stoff dehnbar bleibt. Bearbeiten Sie die Säume an Ärmeln, Ausschnitt und Knopfleiste.

2. Jedes Detail zählt: die Knöpfe!

Trennen Sie die ursprünglichen Knöpfe vorsichtig ab und ersetzen Sie sie durch die neuen.

3. Die Ärmel verzieren

Teilen Sie die Knöpfe und die Anhänger für die beiden Ärmel gleichmäßig auf. Nähen Sie sie Stück für Stück mit dem goldenen Zwirn an und vernähen Sie den Faden nach jedem Knopf.

Modell von S. 80

Caprihose Grease

Basiskleidungsstück
Jeans oder Caprihose aus Jeansstoff.

Material

- Rosa Samtband, 2 cm breit: 60 cm
- Rosa Nähgarn
- Perlgarn 5 oder 8, rosa, hellrosa, kandisbraun
- Transferpapier für Drucker

Ausrüstung

- Grundausstattung (siehe Seite 149)
- Sticknadel
- Computer, Scanner und Farbdrucker

Nähtechniken siehe Seiten 150 bis 153

Tipps und Tricks

Schöne Blumenmotive findet man in Tapetenkatalogen, auf Stoffresten oder in Büchern über Botanik.

1. Die richtige Länge finden

Wenn Sie eine Jeans als Basiskleidungsstück nehmen, krempeln Sie die Hosenbeine hoch und markieren die gewünschte Länge an einem Bein mit einer Stecknadel.
Ziehen Sie 6 cm unter der Stecknadel rundum eine Markierung; sie sollte unbedingt parallel zum unteren Saum verlaufen. Zeichnen Sie auch auf das zweite Bein in derselben Höhe eine Linie. Den Stoff an den Markierungen abschneiden.

2. Die Umschläge nähen

Versäubern Sie die Schnittkanten mit sehr kleinen Zickzackstichen. Die Kanten anschließend zweimal nach außen um 3 cm umklappen, einbügeln und blindsäumen.

Schneiden Sie das Samtband in zwei gleich lange Stücke. Die Enden schräg zuschneiden. Binden Sie die Bänder zu Schleifen und nähen Sie diese durch alle äußeren Stofflagen hindurch auf die Umschläge.

3. Die Motive applizieren
Suchen Sie sich in einem Buch oder einer Zeitschrift ein Blumenmotiv. Einscannen und mit rosa und sepiafarbener Tinte in zwei verschiedenen Größen auf Transferpapier drucken. Das Motiv an den Rändern ausschneiden.

Die Motive mit dem Bügeleisen auf die Jeans übertragen. Beachten Sie dabei die Gebrauchsanleitung für das Transferpapier. Platzieren Sie das kleinere Motiv auf die Ecke einer der hinteren Taschen, das große so auf die andere Tasche, dass es bis auf das Hosenbein reicht.

Ergänzen Sie die Motive durch aufgestickte Stängel und Blütenblätter. Verwenden Sie dazu das kandisbraune Perlgarn, und arbeiten Sie mit Steppstich. Sticken Sie auch die Fasern und die Konturen der Blätter nach. Betonen Sie mit den rosa Garnen die äußeren Konturen der Blumen mit Steppstich, und verzieren Sie die Blütenblätter mit Geradstich. Sticken Sie auf die Herzen kleine rosa- und kandisfarbene Knotenstiche. Geben Sie acht, dass Sie dabei nicht versehentlich die Taschen annähen.

Modell von S. 82

Bluse Happy Days

Basiskleidungsstück
Bluse aus hellgelbem Tupfenmull mit kurzen Puffärmeln und Stehkragen.

Tipps und Tricks

• Um die Kragenteile sauber zu falten, ziehen Sie rundum mit Vorstich einen Faden 0,2 cm neben der Kante ein. Legen Sie auf die linke Stoffseite eine aus Malkarton ausgeschnittene Vorlage. Den Faden anziehen, um den Stoff um den Karton zu spannen, und vernähen. Die Kante einbügeln, die Vorlage entfernen und den Faden auftrennen.

• Wenn Ihre Bluse keine Puffärmel hat, nähen Sie mit Vorstich 3 cm oberhalb des Saums rundes Gummiband auf.

Material

- Gelber Stoff mit antikem Blumenmuster: 60 x 30 cm
- Molton : 60 x 10 cm
- Gelbes Nähgarn
- Plissiertes Satinband, 1,5 cm breit, blassrosa: 150 cm
- Samtband, 1,3 cm breit, hellrosa: 20 cm
- Stopfgarn: drei Rosatöne, blassgelb, senfgelb
- Papier für das Schnittmuster
- Malkarton

Ausrüstung

- Grundausstattung (siehe Seite 149)
- Sticknadel
- Zirkel

Nähtechniken siehe Seiten 150 bis 153

1. Ein ganz neuer Kragen!

Vorbereitung

Messen Sie den Kragen am Ansatz, entlang der Naht, mit der er an Rücken- und Vorderteile angenäht ist. Teilen Sie die Länge durch zwei = L.

Die Vorlage von Seite 154 kopieren und so anpassen, dass die Länge der gestrichelten Linie L entspricht. Ausschneiden.

Den Stoff in der Mitte falten, rechts auf rechts. Das Schnittmuster mit der gestrichelten Linie auf den Bruch stecken. Nachzeichnen und mit 1 cm Nahtzugabe rundum zuschneiden. Ein zweites, identisches Teil zuschneiden. Ein drittes Teil ohne Nahtzugabe aus Molton zuschneiden. Den Rand der Stoffteile rundum 1 cm umklappen, links auf links, und einbügeln.

Stecken Sie das plissierte Satinband an der Kante links auf eines der Teile, an die Seiten und den oberen Rand, sodass es um 0,5 cm übersteht. Mit Vorstich aufnähen (**Zeichnung 1**). Breiten Sie das andere Teil mit der linken Seite nach unten aus. Den Molton darauflegen, die Ränder unter die umgeschlagenen Kanten schieben. Legen Sie das Teil mit dem Volant darüber; die rechte Stoffseite liegt oben. Die Seiten und den oberen Rand heften, dann mit Vorstich auf der Naht des Volants zusammennähen.

Annähen und fertigstellen

Streifen Sie den neuen Kragen über den der Bluse. So feststecken, dass sein unterer Rand auf der Naht aufliegt. Mit Saumstich erst von der rechten Stoffseite annähen, dann von der linken.

Damit die Blumen auf dem Stoff plastischer wirken, nähen Sie ihre Konturen mit Nähgarn im Vorstich nach.

2. Die Ärmel verzieren

Messen Sie den Ärmelumfang in Höhe der Kräuselung = T. Schneiden Sie aus dem plissierten Band zwei gleiche Bänder mit den Maßen T + 2 cm zu. An die Ärmel stecken. Klappen Sie die Enden um 1 cm nach innen um, sodass sie auf der Innennaht bündig aufeinandertreffen. Mit Vorstich aufnähen.

Zeichnen Sie auf die linke Seite des restlichen Stoffs zwei Streifen von T x 1,5 cm. Mit 1 cm Nahtzugabe rundum zuschneiden. Bei beiden Teilen die vier Kanten um 1 cm umklappen, links auf links, und einbügeln. Die Bänder so um die Ärmel stecken, dass sie das plissierte Band überlappen und dieses nur um 0,3 cm übersteht. Mit Saumstich aufnähen.

Für jede Schleife ein Samtband von je 7 und 3 cm zuschneiden. Die Enden des langen Bandes zur Mitte falten, links auf links, und mit einigen Stichen fixieren (**Zeichnung 2**). Das kurze Band um die Mitte winden und hinten annähen (**Zeichnung 3**). Die Schleifen auf die applizierten Bordüren an den Ärmeln nähen.

1.

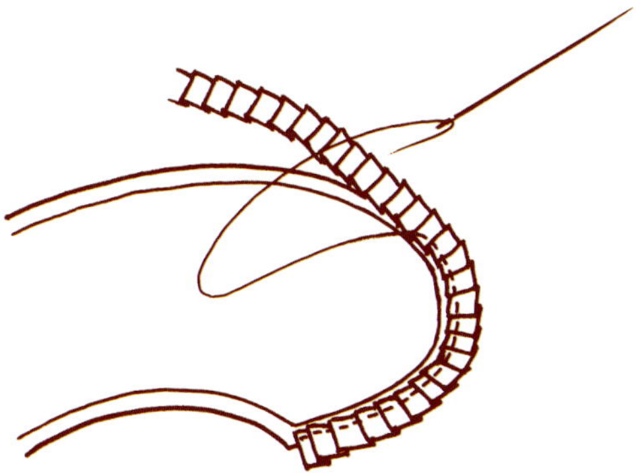

3. Die Knöpfe beziehen

Trennen Sie die Originalknöpfe ab. Messen Sie sie und zeichnen Sie auf den Malkarton einen doppelt so großen Kreis. Die Vorlage ausschneiden und für jeden Knopf einmal auf Stoff übertragen. Die Kreise ausschneiden.

Den Rand eines der Kreise um 0,3 cm umklappen, links auf links, und Stück für Stück mit Vorstich und doppeltem Faden annähen. Am Faden ziehen, um den Stoff leicht einzukräuseln. Einen Knopf hineinlegen und den Stoff so weit wie möglich fertigkräuseln. Den Faden fest vernähen. Verkleiden Sie alle Knöpfe auf diese Weise. Auf die Bluse aufnähen und dabei den Faden durch die Kräuselung auf der Rückseite ziehen.

4. Stickerei

Sticken Sie in regelmäßigen Abständen zu den Punkten des Blusenstoffs kleine Blumen auf. Versäubern Sie den Faden nach jeder Blume auf der Rückseite. Fädeln Sie für die Blütenblätter die drei Garne in Rosatönen gemeinsam auf. Sticken Sie auf den Blütenboden einen runden Margeritenstich und rechts und links davon je einen Geradstich. Für das Herz sticken Sie zwei vertikale Geradstiche mit senfgelbem Garn. Den Stiel und die Blätter sticken Sie mit drei Geradstichen in Hellgrün (**Zeichnung 4**).

2.

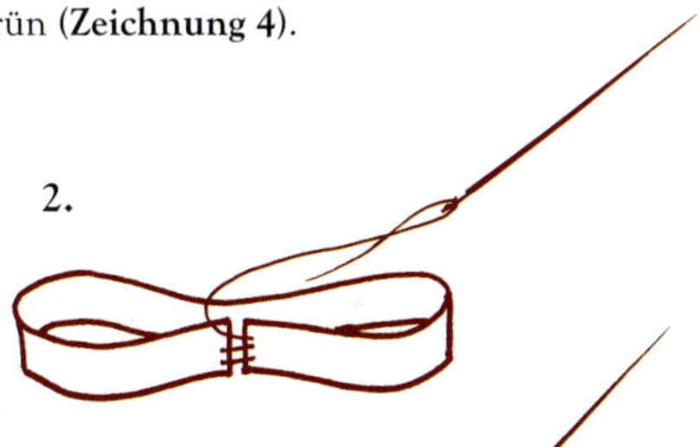

3.

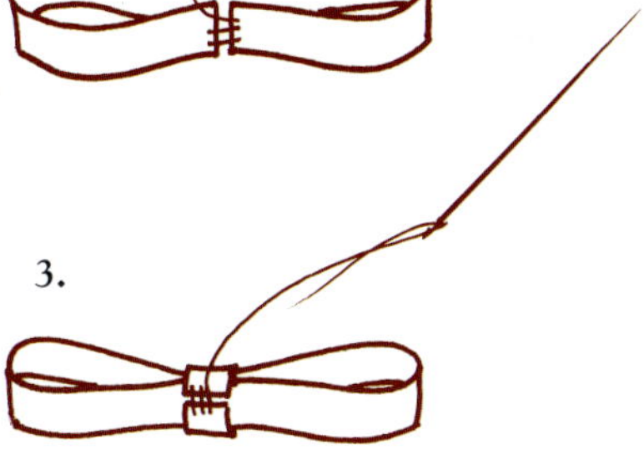

4.

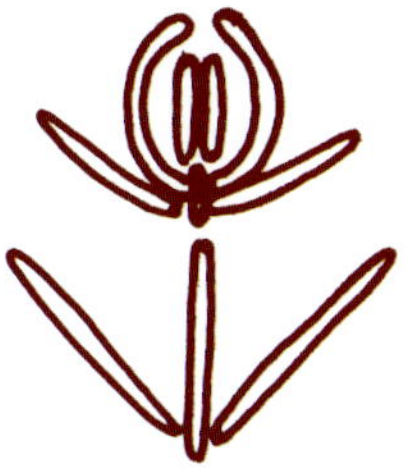

Modell von S. 84

Rock Twist

Basiskleidungsstück
Blaugrauer ausgestellter Rock mit acht Bahnen, 55 cm lang.

Material

- Dunkelbrauner Stoff mit kleinen weißen Tupfen, bedruckt mit Pastillen in Naturweiß und Beige: 120 x 70 cm (oder 90 x 140 cm)
- Roter Stretch-Tüll: 150 x 20 cm
- Blaues Nähgarn
- Perlgarn 5 oder 8, schwarz
- Textilfarbe in Silberglanz opak
- Malkarton
- Plastikbeutel, um den Rock während des Auftragens der Motive zu schützen

Ausrüstung

- Grundausstattung (siehe Seite 149)
- Sticknadel
- Stickschere oder Pfeiltrenner
- Schablonierpinsel

Nähtechniken siehe Seiten 150 bis 153

Tipps und Tricks

Wenn der Rock ein Futter besitzt, das unten hervorblitzt, müssen Sie es eventuell kürzen.

1. Die Verzierungen applizieren

Fotokopieren Sie die Vorlage von Seite 155 auf 173 %. Wenn nötig, passen Sie sie an die Stoffbahnen Ihres Rocks an. Ausschneiden und achtmal auf die linke Stoffseite übertragen, mit dem Fadenlauf. Rundum 1 cm Nahtzugabe hinzurechnen und zuschneiden. Bei jedem Teil die Nahtzugabe links auf links umklappen und einbügeln.

Die Teile genau mittig auf die Stoffbahnen stecken. Nähen Sie sie mit dem Perlgarn mit unregelmäßigen, in einer Reihe angeordneten Vorstichen auf.

2. Die Motive applizieren

Zeichen Sie auf den Malkarton eine Pastille, die dieselbe Größe hat wie die des Stoffs (dieser kann übrigens ein beliebiges anderes einfaches Muster haben – zum Beispiel Karos oder Dreiecke). Lösen Sie die Form mit Stickschere oder Cutter aus dem Karton aus.

Breiten Sie den Rock aus, sodass eine Stoffbahn ganz flach liegt. Legen Sie den Plastikbeutel zwischen die Stofflagen. Bemalen Sie die Pastillen auf dem Besatz und ihren Rand mit silberner Textilfarbe. Dazu die Schablone aus Karton auf die gewünschte Stelle legen und flach auf den Stoff drücken. In der Vertikalen halten und vorsichtig mit dem Schablonierpinsel die ausgehöhlte Kreisform mit Farbe austupfen. Mit dieser Technik alle acht Bahnen mit Applikationen verzieren. Lassen Sie stets erst die zuletzt bearbeitete Stelle trocknen, bevor Sie zur nächsten übergehen. Wenn alles getrocknet ist, die Farbe mit dem Bügeleisen fixieren. Beachten Sie die Hinweise des Herstellers.

3. Den falschen Unterrock annähen

Den Tüll in Streifen von 150 x 3 cm schneiden. Einen langen doppelten Faden aufziehen. In einen Streifen der Länge nach mit Vorstich eine Linie in 0,2 cm Abstand zur Kante einziehen. Ziehen Sie den Faden an, bis Sie eine hübsch gekräuselte Wellenlinie erhalten, dann vernähen. Verfahren Sie mit den anderen Bändern ebenso.

Stecken Sie die Borten an die Innenseite des Saums, sodass sie sich an den Enden etwas überlappen und der Eindruck eines durchgehenden Volants entsteht. Mit Vorstich annähen und dabei nur durch eine Stofflage nähen, damit die Stiche von der rechten Stoffseite nicht sichtbar sind.

Modell von S. 86

Trägertop Montmartre

Basiskleidungsstück
Schwarzes Top mit Spaghettiträgern, Vorderteil an der Mitte des Ausschnitts leicht gekräuselt.

Material

- 3 verschiedene bedruckte Stoffe: je 60 x 10 cm
- 2 flache Knöpfe im Retro-Stil, aus Plastik oder bemaltem Holz, 2,5 cm Durchmesser
- 2 flache Metallknöpfe im Antik-Look, 2 cm Durchmesser
- Schwarzes Nähgarn

Ausrüstung

- Grundausstattung (siehe Seite 149)
- Nähmaschine

Nähtechniken siehe Seiten 150 bis 153

1. Die Träger nähen

Messen Sie einen Träger Ihres Tops und rechnen Sie 13 cm hinzu = L.
Zeichnen Sie auf die Rückseite jedes Stoffs zwei Streifen mit den Maßen L x 3 cm, anschließend ausschneiden.

Klappen Sie bei allen Streifen die vier Kanten um 0,5 cm links auf links um und bügeln Sie die Kanten ein. Die Streifen der Länge nach in der Mitte falten, dann bügeln. Die drei offenen Seiten in 0,2 cm Abstand zur Kante umsteppen.

Breiten Sie das T-Shirt aus. Markieren Sie auf beiden Trägern mit einer Stecknadel die Mitte der Länge. Markieren Sie auf den Stoffstreifen ebenfalls die Mitte der Länge.

Nehmen Sie drei verschiedenfarbige Streifen. Stecken Sie sie so auf die Träger, dass die Markierungen übereinanderliegen. Kreuzen Sie sie am unteren Ende vorne, und lassen Sie sie unten um 6 cm überstehen. In Höhe der Kreuzung mit kleinen Stichen annähen. Verfahren Sie auf der Rückseite genauso.

2. Die Knöpfe annähen

Nähen Sie die Knöpfe an der Stelle auf, wo die Bänder über Kreuz liegen. Verwenden Sie die größten für die Vorderseite, die kleinen für die Rückseite.

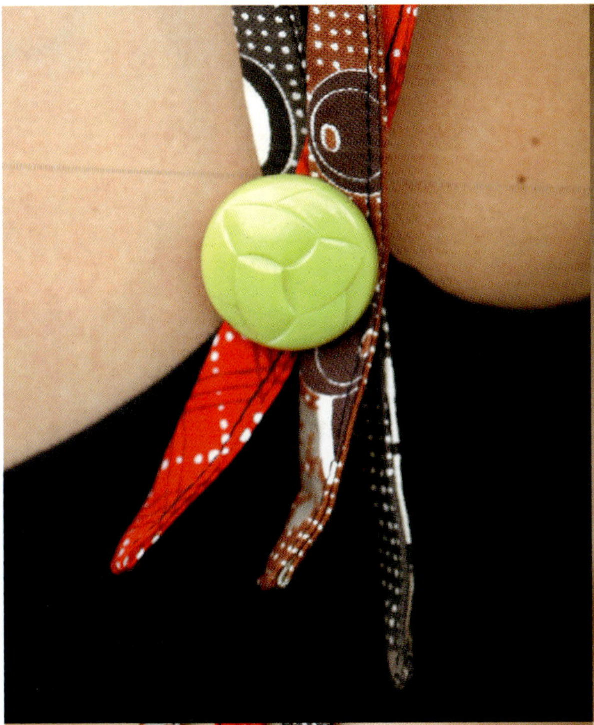
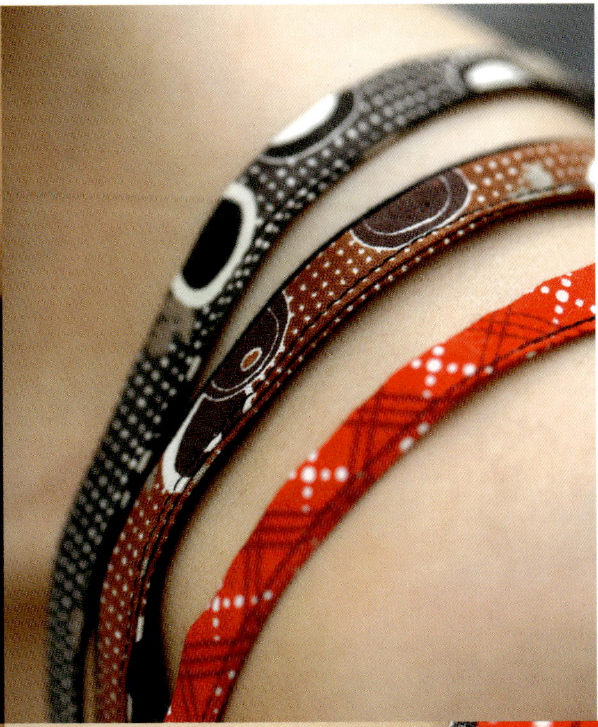

Modell von S. 88

Hemdbluse Campus

Basiskleidungsstück

Blaue Hemdbluse mit weißen Tupfen, kurzen Puffärmeln, geradem Kragen und zwei Brusttaschen mit Knöpfen.

Material

- Naturweißer Stoff mit kleinen Motiven: 110 x 40 cm
- Molton : 5 x 5 cm
- Etwa 30 kleine Knöpfe aus weißem Perlmutt
- Rocaille-Perlen: Röhrchen in Perlweiß, hellgelbem Perlmutt
- Druckknöpfe: entsprechend der Anzahl der Knöpfe
- Naturweißes Nähgarn
- Papier für die Schnittmuster
- Malkarton

Ausrüstung

- Grundausstattung (siehe Seite 149)
- Nähmaschine
- Pfeiltrenner
- Zirkel

Nähtechniken siehe Seiten 150 bis 153

1. Die Hemdbluse vorbereiten

Trennen Sie Kragen, Taschen und Knöpfe ab. Arbeiten Sie sehr sorgfältig, damit Sie den Stoff nicht zerreißen.

2. Die Knopfleiste umarbeiten

Zeichnen Sie 10 cm unterhalb des inneren Endes der Schulternaht, neben die Knopfleiste, eine Markierung. Verbinden Sie die Punkte durch eine runde Linie **(Zeichnung 1)**. Das Hemd falten, sodass die Vorderteile exakt aufeinanderliegen, und die Markierung abstecken. Mit einer Nahtzugabe von 1 cm abschneiden.

3. Den Besatz nähen

Vorbereitung

Die Kontur des Halsausschnitts eines Vorderteils auf Papier übertragen. 5 cm tiefer eine parallele Linie zeichnen. Verbinden Sie die beiden Linien an der Knopfleiste durch eine senkrechte Linie. Die Vorlage ausschneiden, auf der anderen Seite etwas Rand zugeben. Auf das Vorderteil legen, die Schräge der Schulternaht übertragen und zuschneiden **(Zeichnung 2)**. Die Vorlage für den Besatz des Rückenteils genauso anfertigen.

Die Vorlage für die vordere Blende auf die linke Stoffseite übertragen. Zuschneiden und auf der Seite der Knopfleiste

2 cm zugeben, an den anderen Kanten jeweils 1 cm. Schneiden Sie ein zweites, identisches Teil aus, das jedoch spiegelverkehrt ist. Die Blende für das Rückenteil zuschneiden und dabei rundum 1 cm zugeben.

Die Blende für das Rückenteil an die Blenden für die Vorderteile stecken, rechts auf rechts, und die Schulterlinien 1 cm Abstand vom Rand absteppen (**Zeichnung 3**). Die Innenkante rundum mit sehr keinen Zickzackstichen versäubern.

Zusammennähen

Stecken Sie die Blende um den Halsausschnitt, rechts auf rechts. Anheften und 1 cm vom Rand absteppen.

Die Blende auf die linke Seite des Hemdes klappen und den Bruch sorgfältig herausarbeiten. Die Nahtzugaben an den Enden links auf links einschlagen, sodass sie bündig mit den Vorderteilen abschließen. Mit Saumstich zunähen.

1.

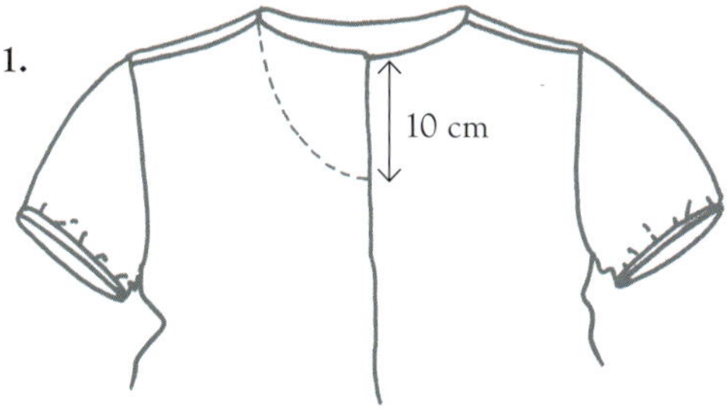

2.

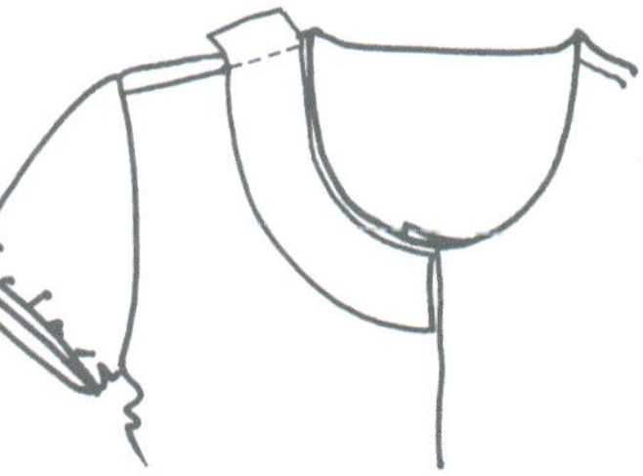

3.

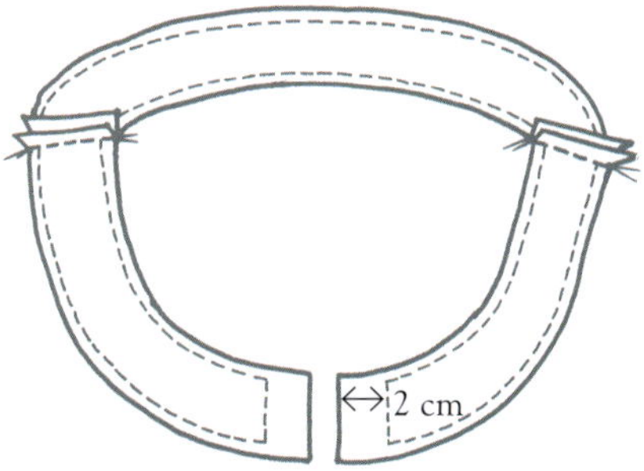

Fortsetzung von HEMDBLUSE CAMPUS

4. Eine ganz neue Knopfleiste!

Druckknöpfe

Verschließen Sie die Knopflöcher mit kleinen Saumstichen. Nähen Sie die Hälften mit dem Dorn auf die Unterseite an die Stelle der Knopflöcher. Die Hälften mit der Vertiefung gegenüber auf die Oberseite des anderen Vorderteils nähen.

Großer Knopf

Zeichnen Sie auf den Malkarton zwei Kreise von je 6 cm und 3 cm Durchmesser, dann ausschneiden. Den großen Kreis links auf den Stoff, den kleinen auf das Molton übertragen und ausschneiden.

Klappen Sie den Rand des Kreises rundum 0,5 cm um, links auf links, und nähen Sie ihn mit Vorstich 0,2 cm vom Rand mit doppeltem Faden an. Den kleinen Kreis aus Karton darauflegen. Am Faden ziehen, um den Stoff zu kräuseln und seinen Rand zur Mitte einzuziehen. Bügeln, um die Kontur der Schablone zu markieren. Letztere herausnehmen und dabei die Kräuselung ein wenig lockern, dann den Molton-Kreis einsetzen. Wieder einkräuseln und den Faden vernähen. Nähen Sie den Knopf direkt über den ersten Druckknopf, unterhalb des Halsausschnitts. Ziehen Sie dabei den Faden durch den eingekräuselten Rand.

5. Den Volant nähen

Knöpfen Sie das Hemd zu und legen Sie es flach aus. Auf ein Vorderteil einen Halbkreis für den Volant aufzeichnen. Auf ein Blatt Papier übertragen und ausschneiden. Mithilfe dieser Vorlage einen symmetrischen Halbkreis auf das andere Vorderteil übertragen, anschließend eine identische Linie auf das Rückenteil (**Zeichnung 4**). Messen Sie die ganze Länge der Linie vorne und hinten und teilen Sie sie durch zwei = L.

Zeichnen Sie auf die Rückseite des Stoffs zwei Streifen mit den Maßen 110 x 12 cm. Zuschneiden und zusammensetzen, indem Sie ein kurzes Ende 1 cm vom Rand rechts auf rechts absteppen. Die vier Kanten links auf links um 1 cm umklappen und einbügeln. Die kurzen Enden mit Saumstich zunähen. Fädeln Sie einen doppelten Faden auf, Länge L + 10 cm. Nähen Sie ihn 0,2 cm vom offenen Rand durch beide Stofflagen ein. Wenn Sie zur Naht kommen, ziehen Sie am Faden, bis der Stoff auf die Länge L gekräuselt ist. Den Faden vernähen. Die zweite Hälfte des Volants genauso bearbeiten.
Stecken Sie den Volant auf die Bluse, mit der gekräuselten Seite auf die Markierung. Mit Saumstich annähen.

4.

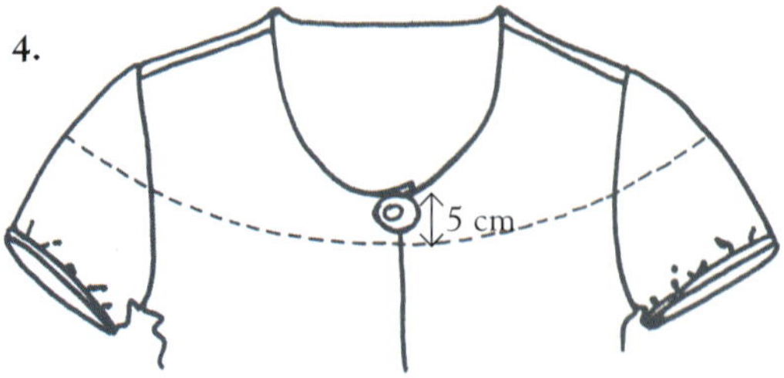

6. Den Einsatz verzieren

Verzieren Sie die Vorderteile oberhalb des Volants mit kleinen Knöpfen oder mit neun zum Quadrat angeordneten Perlen. Verteilen Sie sie nach Belieben, und variieren Sie unterschiedlich große Knöpfe und verschiedenfarbige Perlen harmonisch.

Modell von S. 90

Perlenkonstellation

Basiskleidungsstück
Ausgestellter Rock in Kandisbraun, breiter Gürtel.

Material

- Schwarzer Seidenkrepp: 110 x 20 cm
- Bügelvlies: 110 x 4 cm
- Rocaille-Perlen: schimmernde Röhrchen in Schwarz und Bronze
- Textilfarbe, blau metallic
- Schwarzes Nähgarn
- Perlgarn, 5 oder 8, schwarz
- Weißes Kopierpapier für Textilien

Ausrüstung

- Grundausstattung (siehe Seite 149)
- Sticknadel
- Pinsel, fein
- Pinsel, mittel

Nähtechniken siehe Seiten 150 bis 153

Tipps und Tricks

Wenn die mit Kopierpapier übertragenen Motive an manchen Stellen schlecht sichtbar sind, zeichnen Sie sie am besten mit einem Kreidestift für Textilien nach.

1. Die Motive übertragen

Fotokopieren Sie die beiden Motivgruppen von Seite 156.

Legen Sie das Kopierpapier mit der beschichteten Seite nach unten auf den Rock. Positionieren Sie die große Motivgruppe mittig auf eine gerade Stoffbahn, 3 cm über dem unteren Saum. Durch alle Stofflagen hindurch feststecken. Ziehen Sie die Motive mit einer trockenen Spitze nach, dann das Papier entfernen. Wiederholen Sie die Schritte mit wechselnden Mustern: Übertragen Sie die vertikalen Motive auf die geraden Bahnen, die kurzen waagerechten Streifen auf die Keile. Malen Sie die Motive aus. Die getrocknete Farbe mit dem Bügeleisen fixieren. Die Hinweise des Herstellers beachten.

Nähen Sie mit Perlgarn die schwarzen Perlen auf den linken Rand der vertikalen Motive, die bronzefarbenen Perlen auf den oberen Rand der waagerechten Streifen. Nähen Sie auf die Mitte der Rauten neun zum Quadrat angeordnete bronzefarbene Perlen. Gehen Sie Motiv für Motiv vor und vernähen Sie den Faden nach jedem Motiv auf der Rückseite.

2. Den Gürtel nähen

Fixiertes Band

Messen Sie den Rockumfang an der Taille (das heißt am oberen Ende der Bahnen) = L. Schneiden Sie einen Streifen mit den Maßen (L + 2 cm) x 6 cm aus Seidenkrepp zu und aus dem Bügelvlies einen Streifen mit den Maßen L x 4 cm. Das Bügelvlies mittig auf die linke Seite des Seidenkrepps legen und anbügeln. Die vier Ränder des Seidenkrepps auf das Bügelvlies falten und bügeln.
Beginnen Sie am unteren Ende des Reißverschlusses und stecken Sie den Streifen um den Gürtel herum fest. Nähen Sie ihn an allen vier Kanten mit unsichtbaren Saumstichen an.

Schleife

Schneiden Sie aus Seidenkrepp einen Streifen von 70 x 10 cm zu. Falten Sie ihn in auf die Hälfte, rechts auf rechts, sodass er 5 cm breit ist. Steppen Sie die langen Seiten in 1 cm Abstand zur Kante ab. Lassen Sie in der Mitte einen Schlitz von 5 cm Länge offen. Steppen sie die kurzen Kanten im Winkel von 45° ab, und schneiden Sie den überstehenden Stoff in 0,5 cm zur Steppnaht ab (**Zeichnung unten**). Den Streifen auf rechts wenden und den Schlitz mit Saumstichen zunähen.

Binden Sie eine hübsche Schleife mit zwei verschieden langen Enden. Nähen Sie sie seitlich am Rock auf den Ziergürtel, in Verlängerung eines Keils.

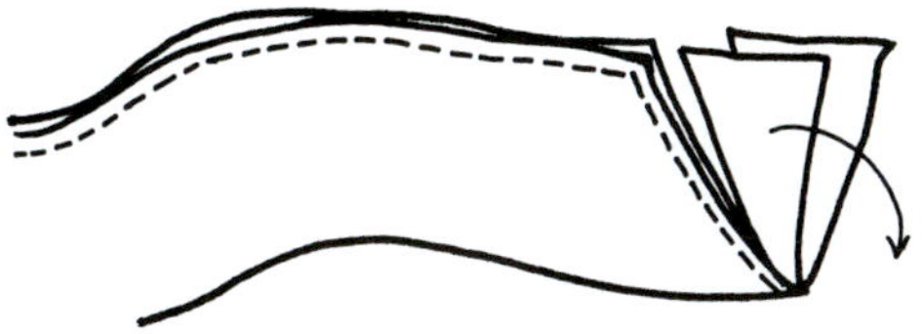

Modell von S. 92

Tunika Quartier latin

Basiskleidungsstück
Roter Pullover aus feinem Strick mit Rundkragen und langen Ärmeln.

Material

- Stoff mit buntem geometrischem Muster auf weißem Grund: 50 x 50 cm
- Kleine Stoffreste, um die Knöpfe zu beziehen
- 5 Ösenknöpfe zum Beziehen, 1,5 cm Durchmesser
- 60 cm rundes Gummiband
- Gelbes oder grünes Nähgarn
- Hellgelber Zwirn
- Papier für die Schnittmuster
- Klebeband

Ausrüstung

- Grundausstattung (siehe Seite 149)
- Nähmaschine
- Sicherheitsnadel
- Sticknadel

Nähtechniken siehe Seiten 150 bis 153

1. Die Ärmel ändern

Schnittmuster

Breiten Sie den Pullover mit der Vorderseite nach oben vor sich aus. Zeichnen Sie auf jeden Ärmel eine Linie, wie auf Zeichnung 1 gezeigt. Übertragen Sie den Bereich zwischen dieser Linie und dem Ärmelansatz; diese Vorlage ausschneiden. Markieren Sie auf beiden Ärmeln die zwei Endpunkte der Linie mit einer Stecknadel.

Drehen Sie den Pullover um, sodass das Rückenteil oben liegt. Ziehen Sie eine Linie zwischen den Nadeln und übertragen Sie die erhaltene Form wie zuvor. Legen Sie die zwei Schablonen mit 12 cm Abstand nebeneinander auf ein Blatt Papier. Mit Klebeband befestigen (**Zeichnung 2**). Zeichnen Sie den Umriss der gesamten Form. Diese Vorlage ausschneiden.

Nähen

Übertragen Sie das Schnittmuster zweimal auf die linke Stoffseite, das zweite Mal spiegelverkehrt. Die Teile mit 1 cm Nahtzugabe rundum zuschneiden. Die Ärmel rechts auf rechts falten, sodass die Markierungen A und B jeweils aufeinanderliegen. Stecken Sie A bis B fest und steppen Sie das Teil in 1 cm Abstand vom Rand ab. Ober- und Unterkante links auf links um 1 cm umklappen und die Brüche einbügeln.

Einen langen doppelten Faden auffädeln und diese Säume mit Vorstich 0,2 cm vom Rand annähen; den Faden nicht vernähen, sondern in etwa 10 cm Länge abschneiden.

Zusammennähen
Wenden Sie die Ärmel auf rechts. Streifen Sie sie so über den Pullover, dass ihre obere Naht bündig auf dem Ärmelansatz aufliegt. Ziehen Sie am oberen Faden, um den Stoff zu kräuseln, bis seine Breite der des Ärmelansatzes entspricht. Dann den Faden vernähen. Den gekräuselten Saum auf die Ärmelnaht stecken und mit Saumstichen annähen. Die untere Naht ebenso kräuseln und in Höhe der Markierung annähen. Schneiden Sie die Ärmel des Pullovers 3 cm über der Markierung ab. Die Schnittkanten mit überwendlichem Stich versäubern, zweimal um 2 cm nach innen umklappen und blindsäumen, dabei am Ende eine 2 cm lange Öffnung belassen. Das Gummi auf zwei gleich lange Stücke zuschneiden und mithilfe der Sicherheitsnadel in die Säume einziehen. An den Enden ziehen, um den Stoff zu kräuseln, und mit Stecknadeln fixieren. Probieren Sie den Pulli an, um die Ärmel zu prüfen. Wenn Sie zufrieden sind, verknoten Sie die Gummis, schneiden die überstehenden Enden ab und schieben den Knoten in den Saum. Den Schlitz mit Saumstichen zunähen.

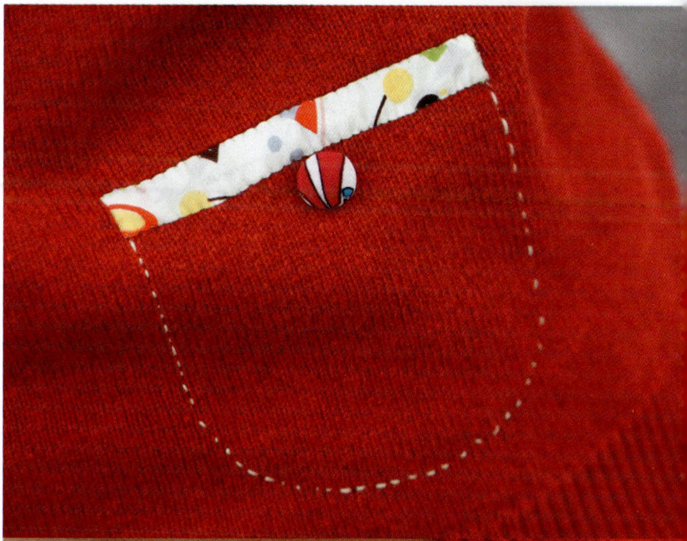

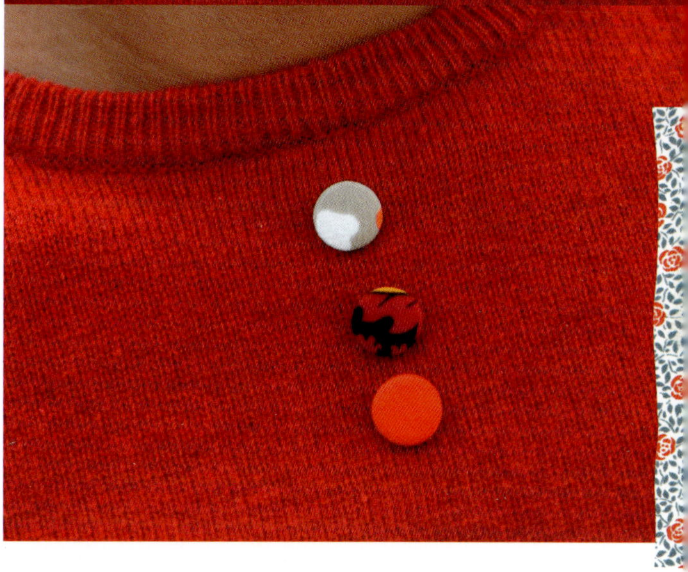

2. Die Ziertaschen bearbeiten
Fotokopieren Sie die Vorlage von Seite 155.
Zeichen Sie auf die linke Seite des restlichen Stoffs zwei Streifen von 11 x 2 cm und schneiden Sie sie zu. Bei beiden die vier Kanten links auf links um 0,5 cm umklappen und einbügeln. Die Streifen auf das Vorderteil stecken, 8 cm von den Seitennähten und 17 cm vom unteren Saum entfernt. Mit Saumstichen aufnähen. Übertragen Sie die Vorlage unterhalb der Streifen auf den Pullover. Den Zwirn auffädeln und die Konturen der Taschen mit Vorstich nachsticken.

3. Schickes Detail: die Knöpfe
Beziehen Sie die Knöpfe mit verschiedenen Stoffen und beachten Sie dabei die Hinweise des Herstellers. Nähen Sie zwei davon mittig auf die Taschen, direkt unter die Stoffstreifen, die anderen drei in einer vertikalen Linie 3 cm unter den Ausschnitt, mit jeweils 2 cm Abstand voneinander.

1.

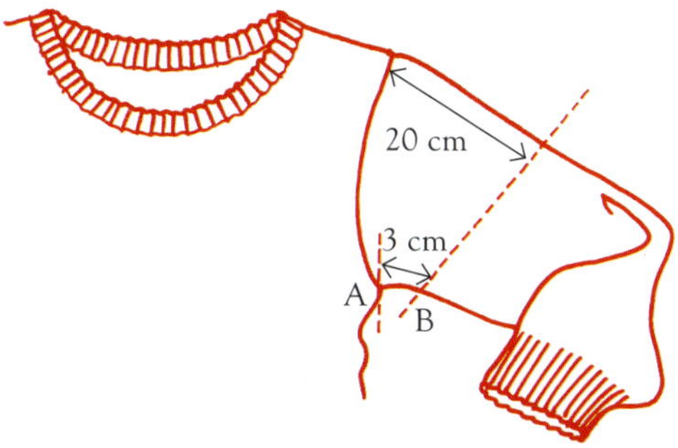

2.

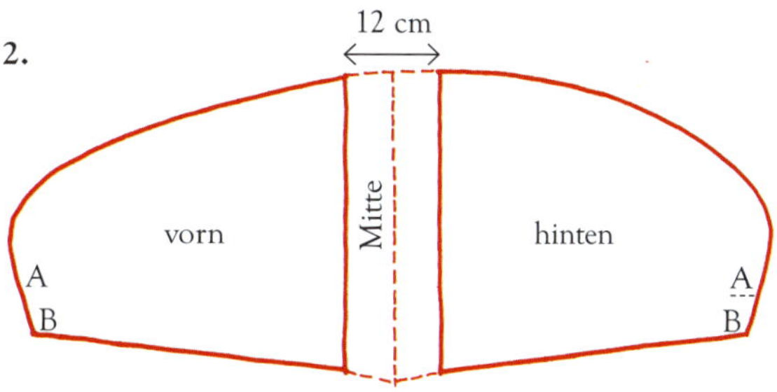

DAME!

Kleid Colombine

Oft lassen schon kleine Details ein gewöhnliches Kleid fantastisch aussehen: zeitloses Schwarz, Stoffjojos in subtilen Farben, Pailletten, die das Licht einfangen und eine kokette rote Schleife, die vorwitzig alle Blicke auf sich zieht ...

Anleitung S. 128

Bluse Belle Epoque

Verspielte vertikale Stoffbänder zieren ein einfaches Top und unterstreichen die Silhouette. Weiblich, sinnlich, intellektuell!
Anleitung S. 130

Bolero Traviata

Ein Kinderspiel, dieses dunkle Jäckchen mit Aha-Effekt! Man kombiniere Schleifen aus Stoffbändern mit Fliegen und sorge mit schwarzen Glasperlen für einen Hauch Haute Couture!
Anleitung S. 134

Tunika Tiffany

Schwarz auf Weiß ist einfach schick! Diese Tunika beweist es: Die Jojos am Dekolleté aus schwarzem Seidenkrepp greifen elegant die Motive des Stoffs wieder auf und betonen dezent die Büste.

Anleitung S. 136

Corsage Carmen

Ein sportliches Top erhält verblüffende Raffinesse! Eine schmale Bordüre betont Hals- und Armausschnitte, sehr kurze, verzierte Ärmel bedecken die Schultern und ein Perlenregen mit Blumenapplikationen macht die Träger zum Hingucker.

Anleitung S. 138

So british!

Britischer Humor stand hier Pate! Man nehme eine Bügelfalte, englisches Karo und leuchtenden Tüll, streue einige Perlen darauf – und schon haben Sie ein einfaches Rezept, wie Sie selbst an trüben Tagen für fröhliche Stimmung sorgen.

Anleitung S. 140

Sanft und sinnlich ...

Ein einfaches Jersey-Wickelkleid wird unwiderstehlich! Der damenhaften Mode früherer Epochen gleich, ziert ein sinnliches Blumenbukett das Dekolleté. Mit einigen diskreten Stichen befestigt, ranken sich die Stoffblumen den Ausschnitt hinauf.

Anleitung S. 142

Bustier Dolce Vita

So kann Ihnen die sommerliche Hitze nichts anhaben. Die Wassertropfen auf dem applizierten Stoff sorgen für Frische. Passend dazu die perlenbestickten Träger. Die Schultern zieren Fächer ... raffiniert!

Anleitung S. 144

Modell von S. 113

Kleid Colombine

Basiskleidungsstück
Schwarzes Kleid aus Polyesterstoff, gefüttert, mit Spaghettiträgern und gesmokter Taille.

MATERIAL
- Nachtblauer Stoff: 20 x 10 cm
- Stoff mit blauen Motiven: 20 x 5 cm
- Roter Stretch-Tüll: 30 x 0,7 cm (oder 30 cm rotes Satinband)
- Pailletten, 1 cm Durchmesser (Loch am Rand): durchsichtig gelb, durchsichtig blau
- Nähgarn passend zum Kleid
- Malkarton

AUSRÜSTUNG
- Grundausstattung (siehe Seite 149)
- Zirkel

Nähtechniken siehe Seiten 150 bis 153

Tipps und Tricks
Polstern Sie das Kleid mit einem Kissen mit glattem Bezug aus. So können Sie das gesamte Oberteil plastisch sehen und die Jojos und Pailletten harmonisch darauf anordnen. Doch Vorsicht: das Kleid dabei nicht auf das Kissen nähen!

1. Jojos für die Taille
Zeichnen Sie auf Malkarton einen Kreis von 4 cm Durchmesser. Diese Schablone ausschneiden und auf die linke Seite der Stoffe übertragen: neunmal auf den einfarbigen, fünfmal auf den gemusterten Stoff. Dann die Kreise ausschneiden.

Den Rand eines Stoffkreises links auf links um 0,5 cm umklappen und mit Vorstich 0,2 cm vom Rand einen doppelten Faden einziehen. Am Faden ziehen, um den Rand zur Mitte hin einzukräuseln, dann vernähen. Alle Kreise auf diese Weise bearbeiten.

Die Jojos gleichmäßig vorn auf die gesmokte Taille stecken. Annähen und dabei das Garn durch die Kräuselnaht ziehen. Den Faden nach jedem Kreis auf der Rückseite vernähen, dann das nächste Jojo aufnähen.

2. Pailletten für die Party

Nähen Sie die Pailletten vorn auf das Kleid, oberhalb des Smoks. Vernähen Sie nach jeder Paillette den Faden auf der Rückseite. Achten Sie darauf, dass das Loch stets oben ist, damit der kleine Stich vertikal verläuft. Verteilen Sie die Farben harmonisch.

3. Charmantes Extra: die Schleife

Binden Sie den Stretch-Tüll oder das Band zur Schleife und nähen Sie sie mit kleinen, unsichtbaren Stichen an die Spitze des Ausschnitts.

Modell von S. 114

Bluse Belle Epoque

Basiskleidungsstück

Naturweißes Top mit Spaghettiträgern, das Vorderteil mittig am Ausschnitt gekräuselt, der breite Bund eng anliegend.

MATERIAL

- Naturweißer Stoff mit blauem Blumenmuster: 110 x 50 cm
- Schwarzer Seidenkrepp: 50 x 30 cm
- Nähgarn: schwarz, naturweiß

AUSRÜSTUNG

- Grundausstattung (siehe Seite 149)
- Nähmaschine
- Sicherheitsnadel

Nähtechniken siehe Seiten 150 bis 153

Tipps und Tricks

Um die Streifen einfacher auf rechts zu wenden, können Sie sich mit einem Schlaufenwender behelfen.

1. Die vertikalen Streifen nähen

Vorbereitung

Breiten Sie das Top aus. Zeichnen Sie 7 cm unter dem Ausschnitt eine Linie von einer Seitennaht zur anderen. Länge messen = L. Messen Sie den Abstand von der Linie zur Bundnaht und rechnen Sie 1 cm hinzu = H. Um die erforderliche Anzahl an Streifen zu ermitteln, teilen Sie L durch 1,5 und runden auf die nächst kleinere ganze Zahl ab = N.

Zeichnen Sie auf die linke Seite des Blumenstoffs N Streifen mit den Maßen H x 4 cm auf, dann ausschneiden. Der Länge nach in der Mitte falten, rechts auf rechts. Die lange offene Seite 0,8 cm vom Rand absteppen.

Die Bänder mithilfe der Sicherheitsnadel auf rechts wenden. Legen Sie die Nähte auf die Mitte einer der Seiten. Bei allen Streifen die beiden Enden links auf links um 0,5 cm umklappen und mit Saumstichen zunähen. Bügeln.

Aufnähen

Stecken Sie auf die Markierung und den Bund je drei vertikale Stecknadeln, um die Breite in vier gleich große Bereiche aufzuteilen. Die Streifen mit einem Ende am Bund entlang feststecken, die Nahtseite nach unten (**Zeichnung 1**). Auf gleichmäßige Abstände achten und an den Stecknadeln orientieren. Mit Saumstich annähen. Die Streifen nach oben umschlagen, entlang der Markierung feststecken und darauf achten, dass sie exakt vertikal liegen. Am oberen Ende mit Saumstich annähen.

2. Die horizontale Bordüre applizieren

Auf die linke Seite des Seidenkrepps einen Streifen mit den Maßen (L + 1 cm) x 2 cm zeichnen und zuschneiden. Die vier Kanten um 0,5 cm umklappen, links auf links, und einbügeln. Den Streifen über die Enden der vertikalen Streifen auf das Top stecken. Mit Saumstich annähen.

1.

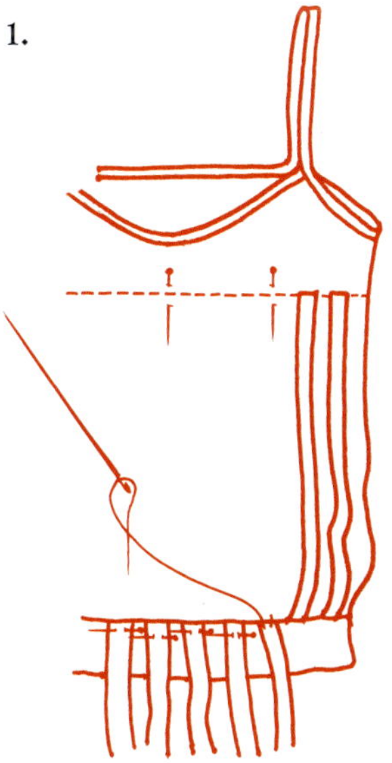

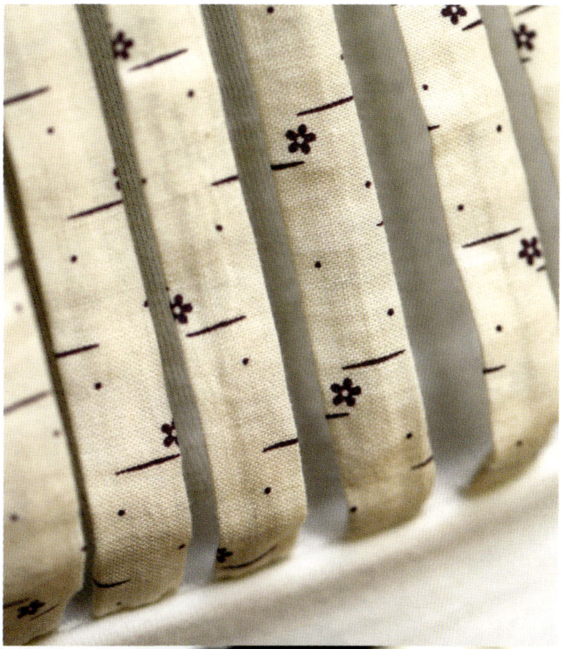

Fortsetzung von *Bluse Belle Epoque*

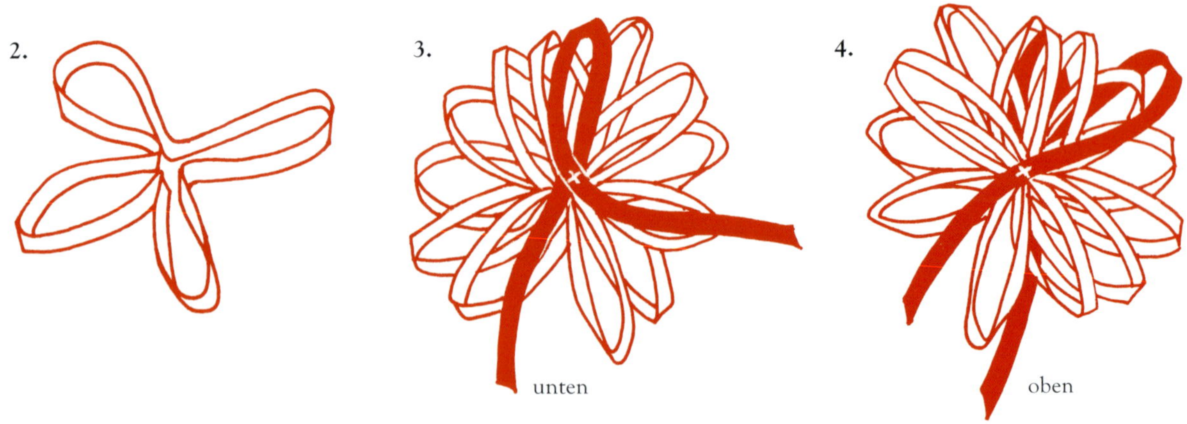

3. Die Blume konfektionieren

Auf die linke Seite des Krepps vier Streifen mit den Maßen 50 x 3 cm zeichnen. Zuschneiden und der Länge nach rechts auf rechts in der Mitte falten. Die lange offene Kante 0,5 cm vom Rand absteppen. Die Streifen auf rechts wenden. Die Enden 0,5 cm umklappen, links auf links, und mit Saumstich zunähen. Bügeln.

Nehmen Sie einen Streifen. Formen Sie vier Blätter, die um eine Mitte angeordnet sind. Mit mehreren Stichen fixieren (**Zeichnung 2**). Dasselbe mit zwei weiteren Bändern wiederholen. Die drei Teile versetzt zueinander aufeinanderlegen und in der Mitte zusammennähen, dabei durch alle Stofflagen stechen. Das letzte Band unter die Blume legen. Lassen Sie am Ende 12 cm frei, formen Sie eine Schlaufe und nähen Sie sie auf die Mitte (**Zeichnung 3**). Den Streifen nach oben legen und dabei wieder eine Schlaufe formen; auf die Mitte nähen (**Zeichnung 4**).

5.

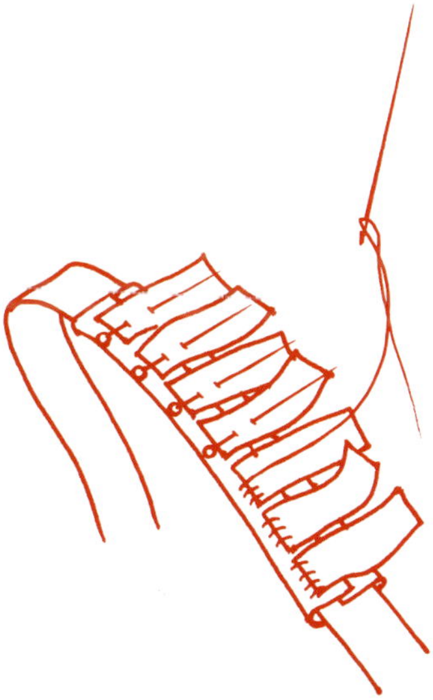

4. Die Träger verzieren

Bereiten Sie zwei Stoffstreifen vor, die identisch sind mit denen, die Sie auf das Vorderteil des Tops genäht haben. Nähen Sie die Enden nicht zu. Schneiden Sie es in 14 Bänder von je 4 cm Länge und nähen Sie dann die Enden wie zuvor beschrieben zu.

Zeichnen Sie auf die Rückseite des Krepps zwei Streifen von 12 x 3 cm. Zuschneiden. Bei beiden eine lange Seite und anschließend die beiden kurzen Seiten 0,5 cm umklappen, links auf links. Die Kanten einbügeln und die kurzen Seiten blindsäumen. Auf halbe Länge, also in 5,5 cm Abstand zu beiden Seiten, horizontal eine Stecknadel stecken.

Das Top ausbreiten und die unteren Saumkanten von Vorder- und Rückenteil genau aufeinanderlegen. Prüfen Sie, ob die Träger gerade aufeinanderliegen, und markieren Sie bei jedem die Hälfte der Länge mit einer horizontalen Stecknadel.

Legen Sie einen Kreppstreifen so auf einen Träger, dass die Stecknadeln aufeinanderliegen. Wickeln Sie ihn um den Träger, sodass eine lange umgeschlagene Kante die andere überdeckt. Mit Saumstichen nähen. Auf die Rückseite des Trägers sieben kurze Stoffstreifen in regelmäßigen Abständen so auf den Kreppstoff stecken, dass sie auf der Schulterseite überstehen. Mit Saumstichen annähen (**Zeichnung 5**). Den anderen Träger auf dieselbe Weise verzieren.

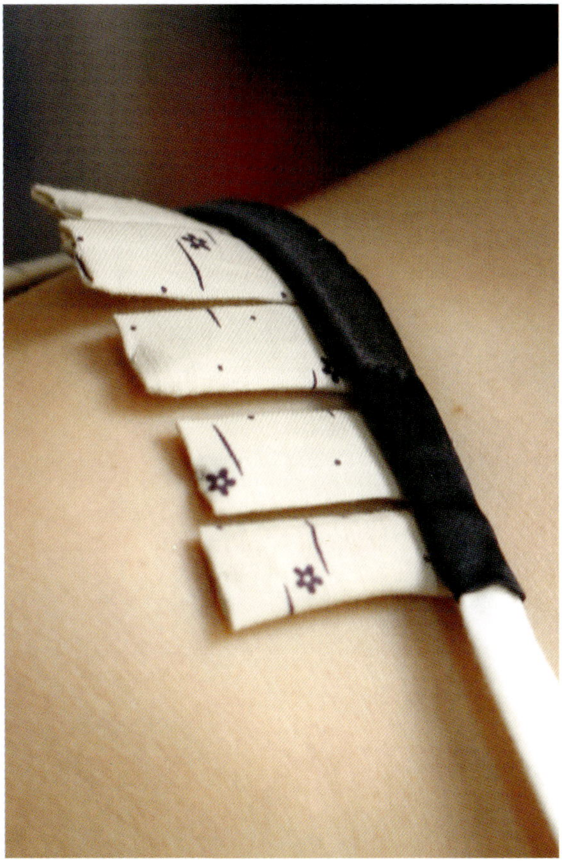

Modell von S. 116

Bolero Traviata

Basiskleidungsstück
Auberginefarbener Strickbolero mit Schalkragen und langen Ärmeln.

MATERIAL

- Stoff mit Schachbrettmuster in Senfgelb, Schwarz, Kandisbraun und Violett: 110 x 10 cm
- Dunkelvioletter Stoff mit hellgelbem Muster: 110 x 10 cm
- Rocaille-Perlen: schwarz schimmernde Röhrchen
- Schwarzes Nähgarn

AUSRÜSTUNG

- Grundausstattung (siehe Seite 149)
- Nähmaschine
- Sicherheitsnadel
- Nadel für Gobelinstickerei (mit runder Spitze)

Nähtechniken siehe Seiten 150 bis 153

1. Die Knoten aufsticken

Vorbereitung

Zeichnen Sie auf die Rückseite des karierten Stoffs einen Streifen von 90 x 8 cm und sechs Rechtecke von 2,5 x 4 cm. Anschließend ausschneiden.

Falten Sie den Streifen der Länge nach in der Mitte, rechts auf rechts, und steppen Sie die lange Seite 0,5 cm vom Rand ab. Mithilfe der Sicherheitsnadel auf rechts wenden. Den Streifen in sechs Teile von 15 cm Länge schneiden und diese falten, um die Mitte der Breite zu markieren. Wieder auffalten und die Kanten so auf diese Markierung umklappen, dass sie einander um 1 cm überlappen.
Mit doppeltem Faden mit Vorstich durch alle Stofflagen hindurchnähen (**Zeichnung 1**). Am Faden ziehen, um den Stoff maximal zu kräuseln, dann fest vernähen.

Bei den Rechtecken die langen Seiten um 0,5 cm rechts auf rechts umklappen und blindsäumen. Je ein Rechteck mittig um eine gekräuselte Naht winden, die Enden auf die Rückseite klappen, sodass sie einander um 0,5 cm überlappen und anschließend zusammennähen (**Zeichnung 2**).

Perlen

Auf die Mitte jeder Schleife verstreut einige Perlen nähen, einzeln oder in Gruppen angeordnet.

Verzieren

Kurz unter den Ärmelansatz an der Schulternaht eine Schleife aufnähen, dann zwei weitere darunter, im Abstand von jeweils 5 cm.

2. Originale Posamenten

Zeichnen Sie auf die linke Seite des violetten Stoffs drei Streifen von 110 x 3 cm. Ausschneiden und bei allen Streifen die langen Seiten links auf links um 0,5 cm umklappen. Die Kanten einbügeln. Die Bänder längs links auf links in der Mitte falten, die langen Seiten 0,2 cm vom Rand absteppen.

1.

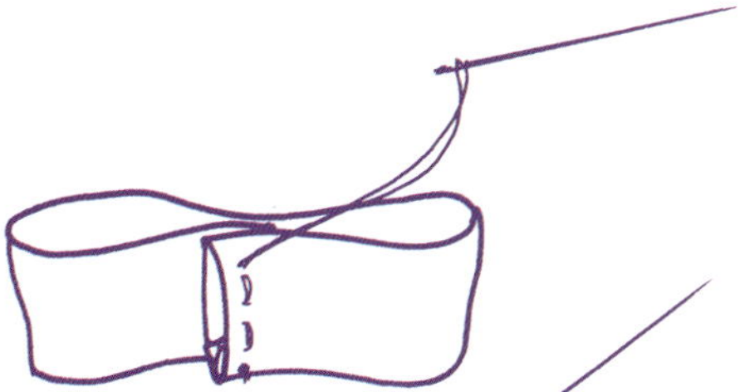

2.

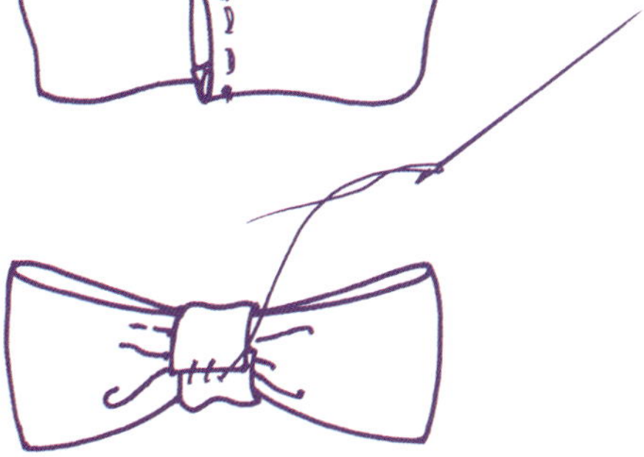

3.

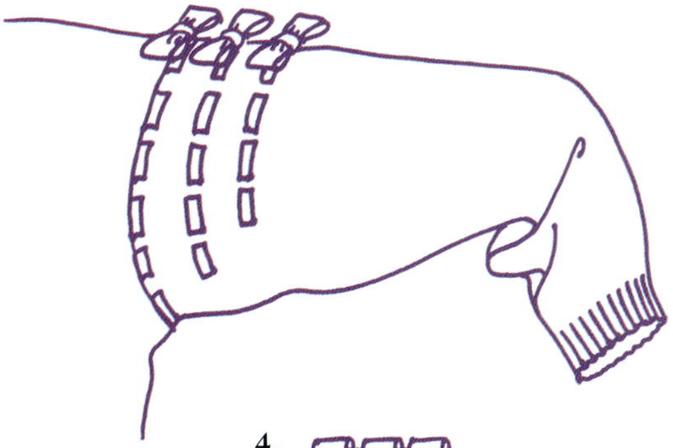

4.

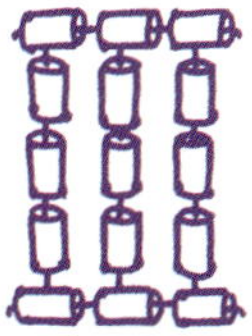

Ein Band auf eine Nadel für Gobelinstickerei fädeln und mit 2 cm großen Vorstichen um den Ärmel herum in das Strickgewebe einziehen. Bei der Ärmelnaht beginnen und enden und parallel zur Schulternaht arbeiten. Die Bänder an den Stichen leicht herausziehen, damit sie kleine Schlaufen bilden, ohne jedoch den Ärmel zu kräuseln. Die Enden auf der Innenseite des Ärmels zusammenführen, Überstehendes abschneiden und mit regulärem Nähgarn zusammennähen. Auf dieselbe Weise eine zweite Reihe parallel dazu unterhalb der zweiten Schleife aufsticken. Beginnen Sie diesmal exakt unter dem zweiten Stich der ersten Reihe und enden Sie unter dem vorletzten Stich; die Enden auf der Innenseite des Ärmels mit Vorstich vernähen. Eine dritte Reihe unter die dritte Schleife sticken und diese um einen weiteren Stich versetzen (**Zeichnung 3**). Den anderen Ärmel ebenso verzieren.

3. Die Perlenmotive sticken

Ordnen Sie die Perlen wie auf der Zeichnung an und nähen Sie die Motive zwischen die Posamenten. Jedes Motiv besteht aus drei vertikalen Reihen von je drei Perlen, die oben und unten von je einer horizontalen Reihe ebenfalls mit je drei Perlen eingefasst sind (**Zeichnung 4**). Nehmen Sie das Garn doppelt und vernähen Sie den Faden nach jedem Motiv.

Modell von S. 118

Tunika Tiffany

Basiskleidungsstück
Weite schwarze Tunika mit weißen Ovalen und tiefem V-Ausschnitt.

MATERIAL
- Schwarzer Seidenkrepp: 60 x 50 cm
- Schwarzes Nähgarn
- Malkarton

AUSRÜSTUNG
- Grundausstattung (siehe Seite 149)
- Zirkel

Nähtechniken siehe Seiten 150 bis 153

Tipps und Tricks
Bei dem Modell auf dem Foto befindet sich die Kräuselnaht der Jojos auf der Unterseite, Sie können sie aber auch nach oben drehen oder abwechselnd nach oben und nach unten. So erhalten Sie eine interessante Textur – vorausgesetzt, die Kräuselnähte sind sorgfältig gearbeitet. Nähen Sie diese Jojos mit mehreren Stichen von unten auf und achten Sie darauf, dass Sie nur durch die erste Stofflage stechen.

1. Vorbereitung
Zeichnen Sie auf den Malkarton je einen Kreis von 11 und 5 cm Durchmesser. Diese Schablonen ausschneiden.
Um zu ermitteln, wie viele Jojos Sie benötigen, messen Sie den Ausschnitt und teilen die Länge durch fünf = N. Übertragen Sie die große Schablone N-mal auf die linke Seite des schwarzen Seidenkrepps. Die Kreise ausschneiden.

Klappen Sie den Rand eines der Kreise links auf links um 0,5 cm und ziehen Sie 0,2 cm von der Kante mit doppeltem Faden eine Naht ein. Die kleine Schablone auf die linke Stoffseite legen. Am Faden ziehen und den Stoff um die Schablone spannen. Bügeln, um die Form zu fixieren und die Kräuselfalten zu glätten. Letztere etwas lösen, die Schablone herausnehmen, den Faden wieder anziehen und vernähen. Jeden der Stoffkreise auf diese Weise bearbeiten.

2. Die Jojos aufnähen

Die Jojos nebeneinander in 0,5 cm Abstand zum Rand der Ausschnittblende aufnähen. Stechen Sie dazu in die Kräuselnaht ein und versäubern Sie den Faden nach jedem Jojo auf der Rückseite.

Modell von S. 120

Corsage Carmen

Basiskleidungsstück
Sportliches Top in Ziegelrot.

MATERIAL
- Schwarzer Stoff mit Blumenmuster in Rosa, Rot und Weiß: 110 x 30 cm
- Schwarze, glänzende Rocaille-Perlen
- Schwarzes Nähgarn
- Malkarton

AUSRÜSTUNG
- Grundausstattung (siehe Seite 149)
- Zirkel

Nähtechniken siehe Seiten 150 bis 153

Tipps und Tricks

Ziehen Sie die Stoffbänder leicht in die Länge, wenn Sie die Einfassung des Halsausschnitts und der Ärmelausschnitte aufnähen, um das Top nicht zu deformieren.

1. Die Bordüren annähen

Auf die linke Stoffseite zwei Streifen von 110 x 2,5 cm zeichnen und zuschneiden. Bei beiden Streifen die zwei langen Kanten und eine kurze links auf links um 0,5 cm umklappen. Die Brüche einbügeln.

Einen Streifen durch alle Stofflagen hindurch am Halsausschnitt entlang feststecken, bei der Schulternaht beginnend. Überstehenden Stoff mit einem Rest von 0,5 cm abschneiden, letzteren links auf links umklappen. Die Einfassung erst von außen, dann von innen mit Saumstichen annähen und die Enden zusammennähen.
Auf dieselbe Weise die Armausschnitte einfassen, dabei an den Seitennähten beginnen.

2. Die Jojos anfertigen

Zeichnen Sie einen Kreis von 8 cm Durchmesser auf den Malkarton. Die Schablone ausschneiden und 22-mal auf die linke Stoffseite übertragen. Die Kreise ausschneiden.

Klappen Sie den Rand eines der Kreise links auf links um 0,5 cm ein und ziehen Sie 0,2 cm vom Rand entfernt mit Vorstich einen doppelten Faden ein. Am Faden ziehen und den Rand zur Mitte zurren. Jeden Kreis auf diese Weise bearbeiten. Die Jojos nicht bügeln, damit die Kräuselung plastisch bleibt.
Die Jojos mit einem kleinen, festen Stich zu einer Kette von acht und einer zweiten Kette von drei Jojos aneinandernähen. Die kurze Kette mittig an die Seite der langen nähen. Das Ganze in Schulterhöhe an die Unterseite eines Trägers stecken, sodass die Mitte der langen Kette an der Schulternaht liegt. Die Jojos ein Stückweit in den Armausschnitt schieben und mit Vorstich an die Bordüre nähen, dabei durch alle Stofflagen stechen. Die andere Schulter auf dieselbe Weise verzieren.

3. Blumen applizieren

Wählen Sie auf den Stoffresten drei Blumen aus (zum Beispiel zwei kleine und eine große). Mit 1 cm Nahtzugabe rundum ausschneiden. Gehen Sie vor wie bei den Jojos und kräuseln Sie den Rand der Blumen ein, bis Sie eine hübsche Form erhalten. Die Blumen bügeln und mit Saumstichen am unteren Ende eines der Träger auf das Top applizieren.

4. Ein Perlenschauer!

Nähen Sie die Perlen auf den Träger mit den Blumen. Arbeiten Sie mit doppeltem Faden und fortlaufend, das heißt, der Faden wird nicht nach jeder Perle vernäht. Geben Sie jedoch acht, das Garn zwischen den Perlen nicht zu straffen, damit der Stoff keine Falten bekommt. Beginnen Sie parallel zur Schulternaht. Platzieren Sie die Perlen dicht nebeneinander, und vergrößern Sie den Abstand zwischen ihnen, je mehr Sie sich den Blumen annähern.

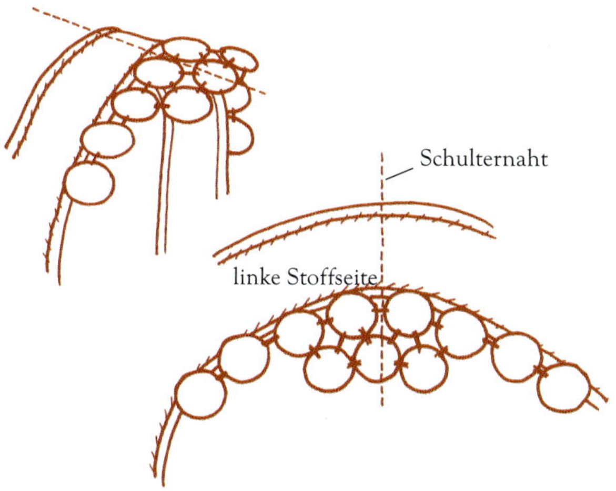

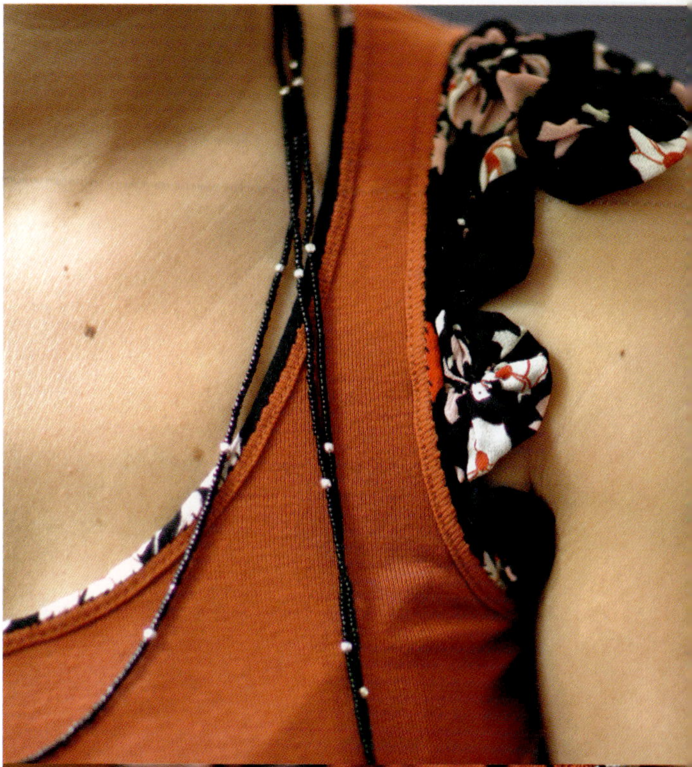

Modell von S. 122

So british!

Basiskleidungsstück

Dreiviertelhose mit Bügelfalte, etwas mehr als knielang, Umschlag am Saum.

MATERIAL

- Stoff mit Schottenkaro, vorwiegend grau: 25 x 20 cm
- Schwarzer Stretch-Tüll: 25 x 8 cm
- Roter Stretch-Tüll: 25 x 8 cm
- Stretch-Tüll in Fuchsia: 25 x 8 cm
- Rocaille-Perlen: kleine Röhrchen, bronzefarben glänzend
- Schwarzes Nähgarn

AUSRÜSTUNG

- Grundausstattung (siehe Seite 149)

Nähtechniken siehe Seiten 150 bis 153

1. Die Fächer anfertigen

Zeichnen Sie auf die linke Seite des Karostoffs zwei Streifen von 25 x 10 cm und schneiden Sie sie aus. Bei beiden die vier Kanten links auf links um 1 cm umklappen und einbügeln. Anschließend die beiden langen Kanten links auf links um 2 cm umklappen, die Brüche bügeln und mit Saumstich aneinandernähen.

Parallel zu den kurzen Seiten alle 0,5 cm den Stoff in Falten legen und jede Falte einbügeln. Mit überwendlichem Stich entlang der Oberkante fixieren. Die Stiche dürfen auf der rechten Seite nicht sichtbar sein.

Auf jedes Stück Tüll einen Streifen von 25 x 4 cm zeichnen und zuschneiden. In jeden Streifen in 0,2 cm Abstand zu einer der langen Kanten mit Vorstich einen doppelten Faden einziehen. Am Faden ziehen, bis der Tüll genauso breit ist wie der karierte Stoff, dann vernähen.

Einen Streifen des fuchsiafarbenen Tülls durch alle äußeren Stofflagen auf ein Hosenbein stecken, 5 cm über dem unteren Saum (wenn Ihre Hose Umschläge hat, stecken Sie ihn direkt darüber). Mit Rückstich entlang der Kräuselnaht aufnähen.

Nähen Sie auf dieselbe Weise oberhalb des fusiafarbenen Tüllstreifens erst einen roten, dann einen schwarzen Stoffstreifen auf. Versetzen Sie die Streifen jeweils um 1 cm nach oben. Die oberste Lage bildet ein Streifen im Schottenkaro, der ebenfalls um 1 cm nach oben versetzt wird. Nähen Sie ihn an der Oberkante mit Saumstichen an. Auf das andere Hosenbein einen identischen Fächer nähen.

2. Die Perlenmotive aufsticken

Ein Quadrat von 2,5 cm Seitenlänge mittig direkt oberhalb des Fächers markieren. Mit doppeltem Faden auf diesen Bereich in gleichmäßigen Abständen sechs vertikale Reihen mit je sieben Perlen aufnähen.

Modell von S. 124

Sanft und sinnlich ...

Basiskleidungsstück
Cremeweißes Wickelkleid mit schwarzen Tupfen, Puffärmeln und einem Schitz, der mit einem Knopf geschlossen wird.

MATERIAL
- Etwa ein Dutzend verschiedene Stoffreste, in den Farben verblühter Blumen bedruckt
- Naturweißes Nähgarn
- Synthetisches Füllmaterial
- Malkarton

AUSRÜSTUNG
- Grundausstattung (siehe Seite 149)
- Zirkel

Nähtechniken siehe Seiten 150 bis 153

Tipps und Tricks

Die Komposition des Blumenbuketts erfordert etwas Geschick. Nehmen Sie die Elemente der Spitzenborte am Ausschnitt mit den Blumen spielerisch wieder auf. Nähen Sie diese mit unsichtbaren, aber festen Stichen auf. Das Arrangement sollte den Eindruck von Bewegung und Spontanität vermitteln.

1. Die Blumen anfertigen

Herzen

Zeichnen Sie einen Kreis von 5 cm Durchmesser auf den Malkarton. Die Schablone ausschneiden und fünfmal auf die linke Seite der Stoffe übertragen, die Sie für die Herzen der Blumen ausgesucht haben. Die Kreise ausschneiden. Den Rand eines Kreises links auf links um 0,5 cm umklappen und mit Vorstich in 0,2 cm Abstand zum Rand annähen. Den Faden doppelt nehmen. Dann den Faden anziehen, um den Rand einzukräuseln, und zu einer Kugel gerolltes Füllmaterial hineinstecken. Den Faden so weit anziehen, bis sich der Stoff kompakt um die Kugel schließt. Nun den Faden fest vernähen. Wiederholen Sie die Schritte mit jedem Kreis.

Blüten

Auf die linke Seite der Stoffe für die Blüten einen Streifen von 40 x 6 cm und vier Streifen von 30 x 4 cm zeichnen. Mit 0,5 cm Nahtzugabe rundum ausschneiden. Die Nahtzugabe an allen vier Kanten links auf links umschlagen, die Brüche einbügeln. Die Streifen links auf links auf die halbe Länge falten. Auf beiden langen Seiten mit Vorstich 0,2 cm von der Kante entfernt einen doppelten Kräuselfaden einziehen. Ziehen Sie an der offenen Seite am Faden, um den Stoff maximal zu kräuseln, dann den Faden vernähen. Auf der Seite mit den Falten den Faden nur wenig anziehen, um eine leichte Wellenbewegung zu erhalten, und anschließend vernähen.

Zusammennähen
Nehmen Sie einen Blütenkelch. Lassen Sie seine Enden um einige Zentimeter überlappen, je nach gewünschter Größe, als wollten Sie den Stoff zur Spirale legen. Nähen Sie ihn an der Basis mit einigen Stichen zusammen. Legen Sie ein Herz in die Mitte. Nähen Sie es auf den Blütenkelch und stechen sie dabei in die Kräuselnaht ein. Wiederholen Sie die Schritte mit den vier anderen Blüten.

2. Das Blätterwerk anfertigen

Stängel
Zeichnen Sie für die Stängel auf die linke Seite des Stoffs Ihrer Wahl vier Streifen von 16 x 2 cm, dann zuschneiden. Die Nahtzugabe an allen vier Seiten links auf links um 0,5 cm umklappen und einbügeln. Die Streifen der Länge nach links auf links in der Mitte falten. Entlang der langen offenen Kante in 0,2 cm Abstand vom Rand einen doppelten Faden einziehen. Anziehen, um den Stoff leicht zu kräuseln, und vernähen.

Blätter
Auf die linke Seite des Stoffs für die Blätter achtmal die Kartonvorlage übertragen. Die Kreise ausschneiden.
Wie bei den Herzen rundum einen Kräuselfaden einziehen. Den Faden anziehen, um die Stoffränder zur Mitte zu ziehen, dann versäubern. Bügeln, um die Falten zu glätten.

Zusammennähen
Falten Sie ein Blatt in der Mitte und stecken Sie das Ende eines Stängels hinein. Mit mehreren Stichen fixieren. Nähen Sie auf dieselbe Weise ein Blatt an das andere Ende des Stängels. Mit allen Stängeln so verfahren.

3. Das fertige Bukett!

Orientieren Sie sich an den Fotos und nähen Sie alle Elemente am Ausschnitt entlang auf. Nähen Sie sie nacheinander mit kleinen, unsichtbaren Stichen an, und vernähen Sie jedesmal den Faden auf der Rückseite. Nähen Sie die größte Blume 10 cm unter der Schulternaht auf. Platzieren Sie direkt darunter drei kleine Blumen. Lassen Sie darunter zwei verschieden geknickte Stängel hervorsehen. Nähen Sie etwas tiefer die letzte Blume und zum Schluss die verbleibenden Stängel auf.

Modell von S. 126

Bustier Dolce Vita

Basiskleidungsstück
Top mit schwarzen Spaghettiträgern, an der Mitte des Ausschnitts leicht gekräuselt.

MATERIAL
- Stoff mit geometrischem Muster in Blau und Rot: 110 x 50 cm
- Rocaille-Perlen: Röhrchen in Orange, Rot, zweifarbig Rot/Blau
- Schwarzes Nähgarn
- Weißes Kopierpapier für Textilien
- Malkarton
- Papier für die Schablone

AUSRÜSTUNG
- Grundausstattung (siehe Seite 149)
- Nähmaschine

Nähtechniken siehe Seiten 150 bis 153

1. Die Motive applizieren

Schablonen
Die Vorlagen von Seiten 160-161 auf 173 % vergrößern. Die vier Grundmotive von Seite 159 auf 114 % kopieren. Breiten Sie das Kopierpapier auf der Vorderseite des Tops aus, die beschichtete Seite nach unten. Die Vorlage auf das Kopierpapier legen und durch alle Lagen feststecken. Die Motive mit einer trockenen Spitze nachziehen, dann das Papier entfernen.

Schneiden Sie die vier Grundmotive aus. Auf den Malkarton übertragen und zuschneiden. Folgende Teile auf die linke Stoffseite übertragen:
- 2 x Motiv A rechts, 6x Motiv A spiegelverkehrt;
- 4 x Motiv B rechts, 2x Motiv B spiegelverkehrt;
- 4 x Motiv C rechts, 2x Motiv C spiegelverkehrt;
- 3 x Motiv D.

Die Teile mit 1 cm Nahtzugabe zuschneiden.

Vorbereitung
Rund um eines der Teile mit großen Vorstichen 0,2 cm vom Rand einen doppelten Faden einziehen; erst am Schluss vernähen. Legen Sie auf die linke Stoffseite die entsprechende Kartonvorlage. Am Faden ziehen, um den Stoff um den Karton zu spannen. Die Kante einbügeln. Lockern Sie die Kräuselung ein wenig, um die Vorlage zu entfernen, den Faden vernähen. Wiederholen Sie die Schritte mit jedem Teil.

Aufnähen
Stecken Sie die Teile auf das Top. Nähen Sie sie mit Saumstichen an und vernähen Sie den Faden auf der Rückseite, bevor sie das nächste Teil annähen.

2. Die Träger anfertigen

Vorbereitung
Messen Sie die Länge eines Trägers = L. Zeichnen Sie auf ein Blatt Papier ein Rechteck mit den Maßen L x 4 cm. Schrägen Sie die Seiten wie in Zeichnung 1 gezeigt ab. Die Vorlage ausschneiden und viermal auf die linke Seite des Stoffs übertragen. Mit jeweils 0,5 cm Nahtzugabe rundum zuschneiden.
Je zwei Streifen rechts auf rechts aufeinanderlegen. An den beiden langen Seiten 0,5 cm vom Rand absteppen, dabei in der Mitte eines der Streifen einen 5 cm langen Schlitz lassen. Auf rechts wenden. Die Kanten der Öffnung links auf links um 0,5 cm umklappen und mit Saumstichen zunähen. An den Enden den Stoff links auf links um 0,5 cm einschlagen, dann bügeln.

Annähen
Schneiden Sie die Träger 1 cm über Vorder- und Rückenteil ab. Schieben Sie die neuen Träger über diese „Stümpfe". Nähen Sie sie erst von rechts, anschließend von links mit Saumstich an.

3. Die Fächer anfertigen

Zeichnen Sie auf die linke Seite des restlichen Stoffs zwei Streifen von 43 x 9 cm, dann ausschneiden. Rechts auf rechts auf die halbe Länge falten. Die beiden langen Kanten und eine kurze 0,5 cm vom Rand absteppen und auf rechts wenden. Die Kanten der kurzen, offenen Seite um 0,5 cm einschlagen und mit Saumstich zunähen. Bügeln.
Die Bänder alle 3 cm zum Akkordeon falten. Mit überwendlichem Stich die Seiten, an denen sich auch die Enden befinden, durch alle Lagen hindurch zusammennähen (**Zeichnung 2**).

Das Top flach ausbreiten, sodass der Saum von Vorder- und Rückenteil exakt aufeinanderliegt. Stellen Sie sicher, dass die Träger nicht verdreht sind, und markieren Sie mit einer horizontalen Stecknadel die Mitte der Länge. Nähen Sie die Fächer auf Höhe der Stecknadeln auf.

4. Perlen vervollkommnen die Schönheit!

Verzieren Sie die Träger vorn mit Perlen. Beginnen Sie am unteren Ende und verteilen Sie sie sparsamer, je mehr Sie sich den Fächern annähern. Orientieren Sie sich am Muster des Stoffs und verteilen Sie die Farben nach dem Zufallsprinzip. Stechen Sie nur in die obere Stofflage ein, damit die Träger auf der Rückseite sauber gearbeitet sind.

1.

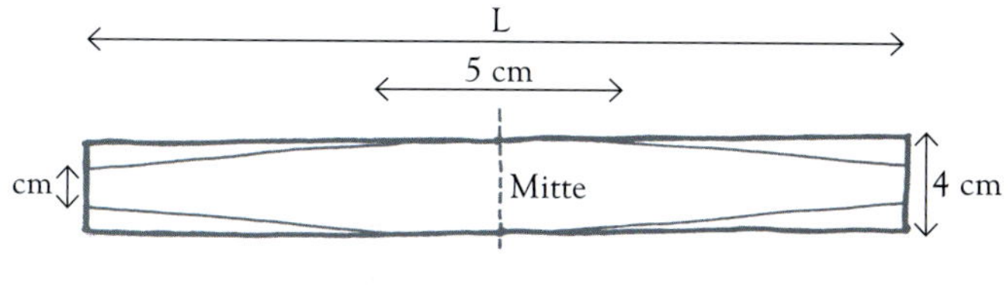

2.

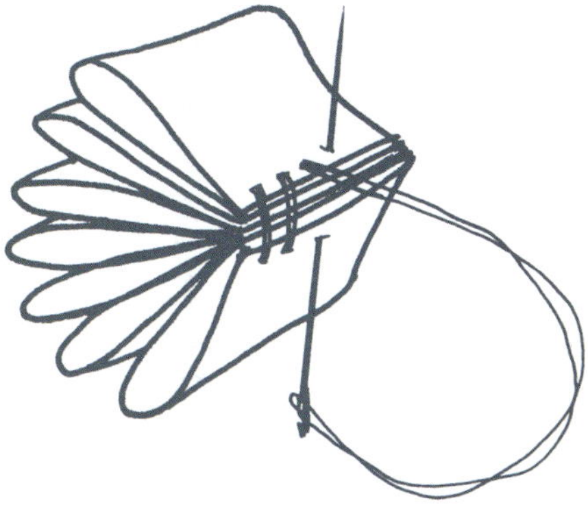

Material und Tipps

Material

Stoffe

In den meisten Fällen verwendet man am besten dicht gewebte, leichte Baumwollstoffe. Sie verleihen Ihren Bordüren, applizierten Motiven, Stofffächern etc. saubere Konturen und Falten. Sehr gut geeignet sind Patchwork-Stoffe, da sie oft in einer Vielzahl zueinanderpassender Muster angeboten werden. Für „fließende" Details eignen sich weichere Materialien wie Tüll oder Seidenkrepp.

Garne

Nehmen Sie Garne von guter Qualität, vorzugsweise aus Baumwolle. Wenn Sie Teile mit der Nähmaschine zusammennähen und die Nähte möglichst unsichtbar sein sollen, stimmen Sie das Garn farblich auf den Stoff ab. Möchte man mit Kontrasten spielen, verwendet man für Applikationen oder Ziernähte ein andersfarbiges Garn.
Für manche Modelle in diesem Buch ist Stickgarn, Zwirn oder Perlgarn erforderlich. Sie sind frei, diesen Vorgaben zu folgen. Stickgarn lässt sich beispielsweise auch durch doppelt gelegtes Nähgarn ersetzen oder umgekehrt. Es ist alles eine Frage des persönlichen Geschmacks, des taktilen Empfindens und des optischen Effekts.

Perlen, Pailletten und Knöpfe

Freie Fahrt für Ihre Kreativität! Betrachten Sie die Modelle als Fundgruben, und holen Sie sich Ihre Inspiration in Kurzwarenläden, Perlenboutiquen und auf Flohmärkten!

Verschiedene Materialien

Für manche Modelle benötigen Sie Bänder, Spitze, Füllmaterial, Molton, Druckknöpfe, Klemmen und Spangen, Kopierpapier für Textilien ... Sie finden alles im Kurzwarengeschäft.

Ausrüstung

Für alle in diesem Buch vorgestellten Modelle benötigen Sie eine gewisse Grundausrüstung:
- Maßband
- Flaches Lineal
- Bleistift
- Selbstlöschenden Textilmarker oder Kreidestift (beides sollten Sie in einem hellen und in einem dunklen Farbton vorrätig haben, damit Sie auf jeden Untergrund sichtbare Markierungen auftragen können)
- Stoffschere
- Stickschere, für das Zuschneiden kleiner Teile und für das saubere Abschneiden des Fadens
- Stecknadeln mit Flach- oder Kugelkopf
- Sortiment von Nähnadeln
- Heftfaden
- Tisch und Bügeleisen

Weiteres Zubehör ist von Fall zu Fall angegeben.
Eine Nähmaschine ist für alle Modelle mit langen, regelmäßigen Nähten empfehlenswert.
Wählen Sie Ihre Sticknadeln mit Sorgfalt aus. Das Öhr sollte groß genug sein, damit der Faden beim Auffädeln nicht zerfasert. Verwenden Sie spitze Nadeln, wenn Sie durch Stoff stechen, und Nadeln mit runder Spitze, wenn Sie auf Strick arbeiten. Um Rocaille-Perlen aufzunähen, verwenden Sie eine lange, dünne Nähnadel (spezielle Perlennadeln sind nicht solide genug, um durch Stoff zu nähen).

Nähtechniken

Der Nähfaden

Verknoten Sie den Anfang des Nähfadens.
Das Ende eines Nähfadens vernähen Sie sicher, indem Sie einige kleine Rückstiche übereinander ausführen.

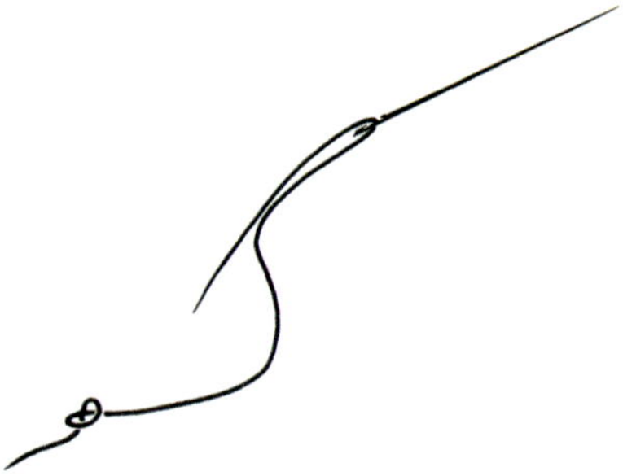

Wenn Sie mit Stickgarn arbeiten, vernähen Sie den Faden, indem Sie ihn unter den letzten Stichen hindurchziehen und dicht am Stoff abschneiden.

Nähstiche

Vorstich

Sie arbeiten auf der rechten Stoffseite, von rechts nach links. Die Nadel bei 1 ausstechen, bei 2 einstechen und bei 3 wieder ausstechen. Auf diese Weise fortfahren. Die Stiche und die Abstände dazwischen sollten gleich lang sein.

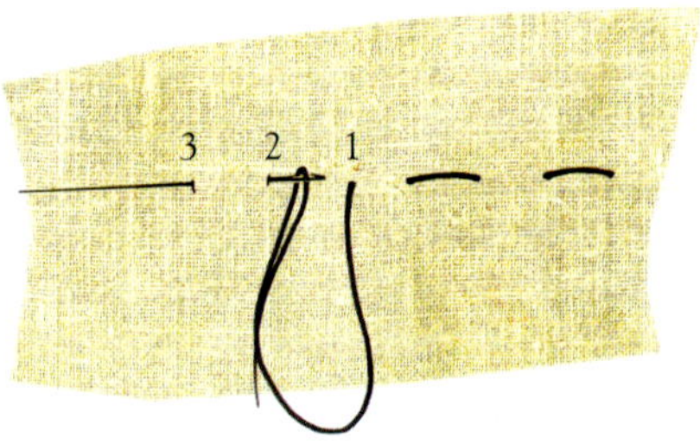

Rückstich

Sie arbeiten auf der rechten Stoffseite, von rechts nach links. Mit der Nadel bei 1 ausstechen, rechts davon bei 2 einstechen, bei 3 wieder ausstechen, links vom ersten Einstich. Dann wieder rechts davon einstechen, im selben Abstand wie zwischen 1 und 3. Fahren Sie auf diese Weise fort. Die Stiche und die Zwischenräume sollten gleich lang sein.

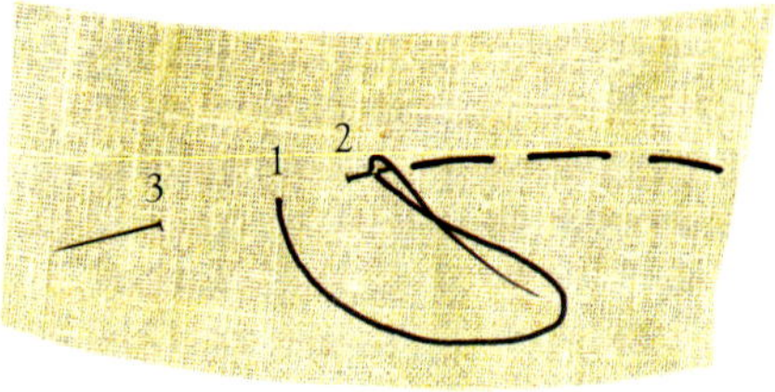

Steppstich

Er ähnelt dem Geradstich der Nähmaschine. Sie arbeiten auf der rechten Stoffseite, von rechts nach links. Mit der Nadel bei 1 ausstechen, rechts davon bei 2 einstechen, bei 3 ausstechen, links vom ersten Einstich. Erneut bei 1 einstechen, dann links von 3 wieder ausstechen. Auf diese Weise fortfahren, sodass eine Linie gleich langer Stiche entsteht.

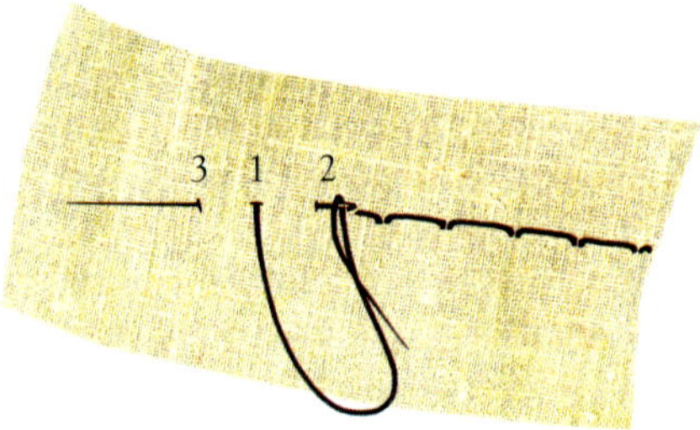

Saumstich

Er dient zum Applizieren, zum Annähen kleiner Teile und Säume. Sie arbeiten von rechts nach links. Führen Sie kleine, schräge Stiche entlang der Kante aus.

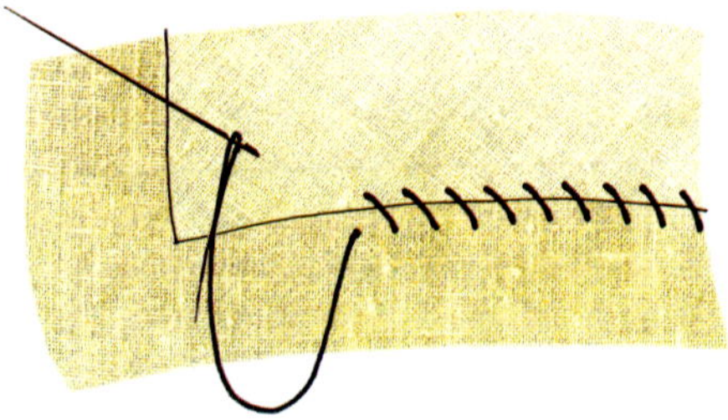

Unsichtbarer Stich
Er dient zum Versäumen. Sie arbeiten auf der linken Stoffseite, von rechts nach links. Am Umschlag ausstechen und etwas links davon einen sehr kleinen horizontalen Stich durch den Oberstoff ausführen. Unter der Umschlagkante einstechen und etwas links davon wieder ausstechen. Auf diese Weise fortfahren. Mit jedem Einstich nur einen Faden des Stoffs erfassen, damit die Naht von rechts nicht sichtbar ist.

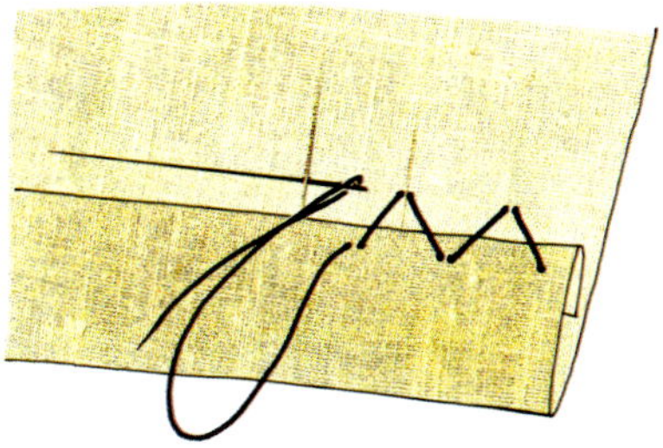

Überwendlicher Stich
Mit ihm näht man zwei aufeinanderliegende Teile zusammen. Sie arbeiten von rechts nach links. Führen Sie in gleichmäßigen Abständen dicht an der Kante kleine schräge Stiche durch. Beim Einstich beide Stofflagen erfassen.

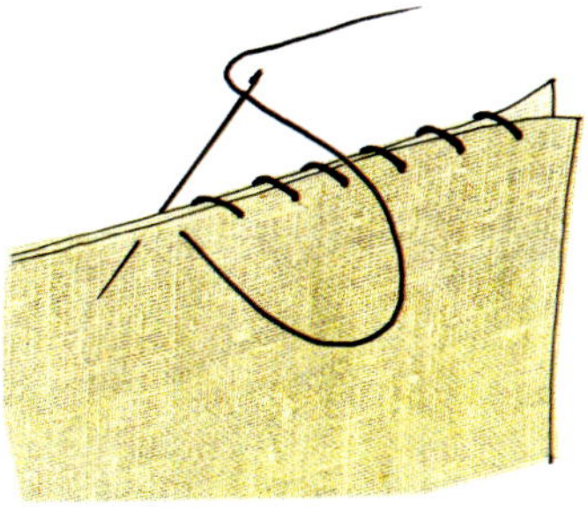

Tipp
Einige der gezeigten Nähstiche kann man auch zum Sticken verwenden: Vorstich, Rückstich und Steppstich.

Verbindungssteg
Er dient zum Verbinden eines Teils mit einem anderen, wobei er eine gewisse Bewegungsfreiheit lässt. Mit der Nadel bei 1 ausstechen, dann bei 2 dicht an der Kante des anzunähenden Teils einstechen: den Faden zwischen 1 und 2 in der gewünschten Länge belassen. Einen sehr kleinen Stich auf der Stelle ausführen, um den Faden zu fixieren. Auf dem gespannten Faden mehrere feste Langettenstiche nebeneinander ausführen. Sehr feines Garn dazu doppelt oder dreifach nehmen.

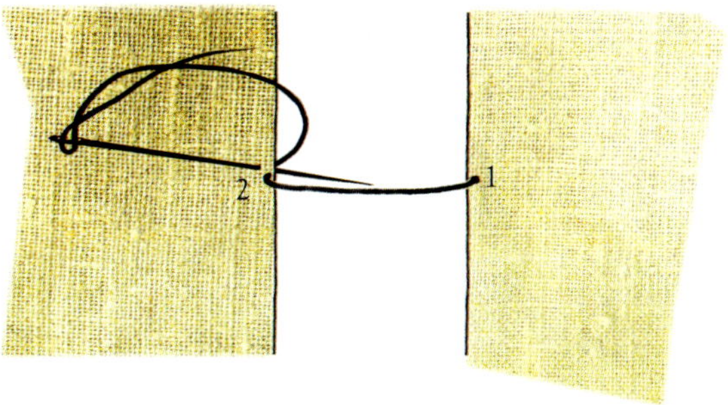

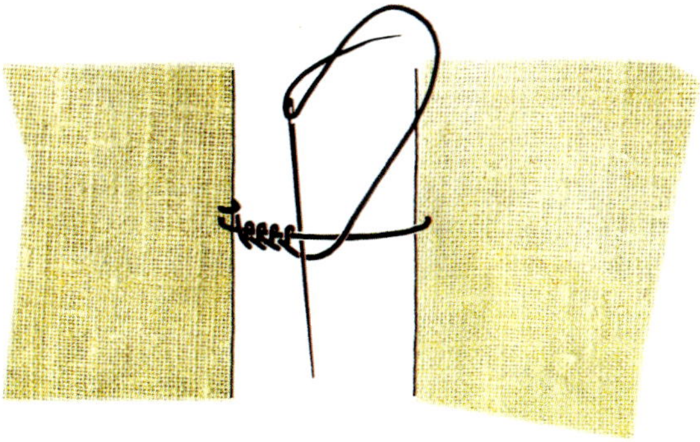

Stickstiche

Geradstich

Es handelt sich um einen Vorstich, der einzeln oder zu mehreren nebeneinander, längs oder je nach gewünschtem Effekt in verschiedene Richtungen gestickt wird.

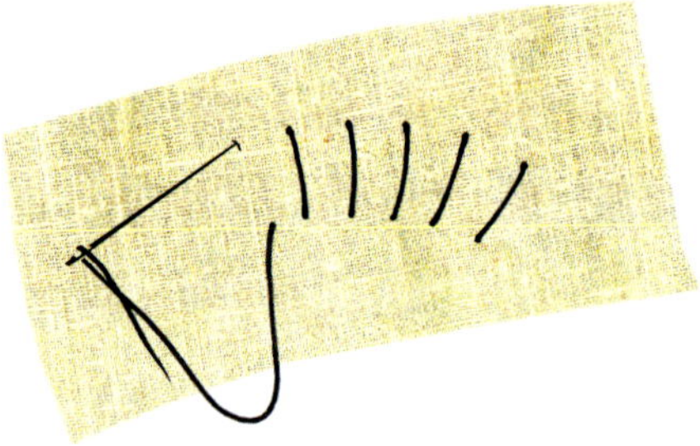

Stielstich

Beim Sticken liegt der Faden stets rechts von der Nadel. Bei 1 ausstechen, weiter vorn bei 2 einstechen, bei 3 auf halber Stichlänge wieder ausstechen. Auf diese Weise fortfahren und auf die Regelmäßigkeit der Stiche achten.

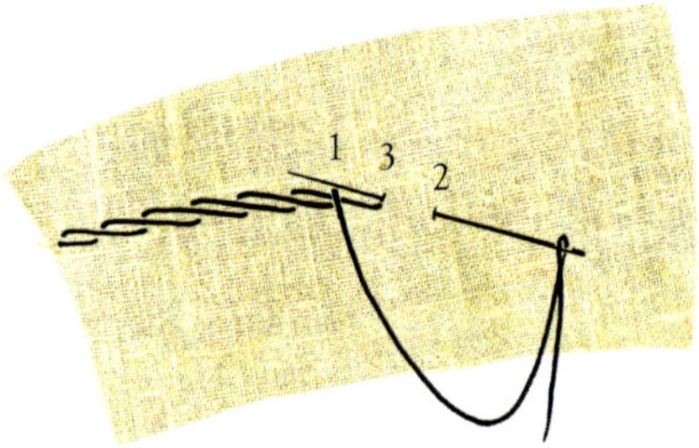

Plattstich

Gleichmäßig langer Vorstich, der in alle Richtungen zeigen kann und eine Fläche locker füllt.

Kettenstich

Bei 1 ausstechen. Den Faden links von der Nadel zu einer Schlinge legen und festhalten. Möglichst nah an 1 wieder einstechen, bei 2 ausstechen, dicht am gehaltenen Faden. Bei 3 ausstechen und die Spitze mit einem Spannstich fixieren.

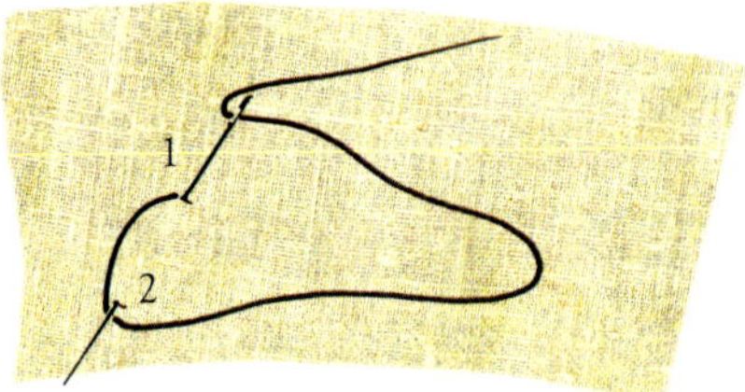

Knötchenstich

Bei 1 ausstechen. Den Faden dicht am Ausstich mehrfach um die Nadel wickeln. Den Faden festhalten und möglichst nah am Ausstich wieder einstechen. Den Faden anziehen, um den Knoten schön zu formen, und vollständig auf die linke Stoffseite ziehen. Je öfter Sie das Garn um die Nadel winden, desto größer wird der Knoten.

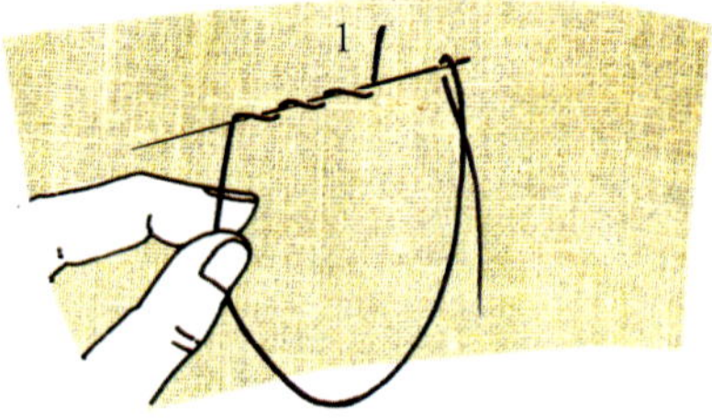

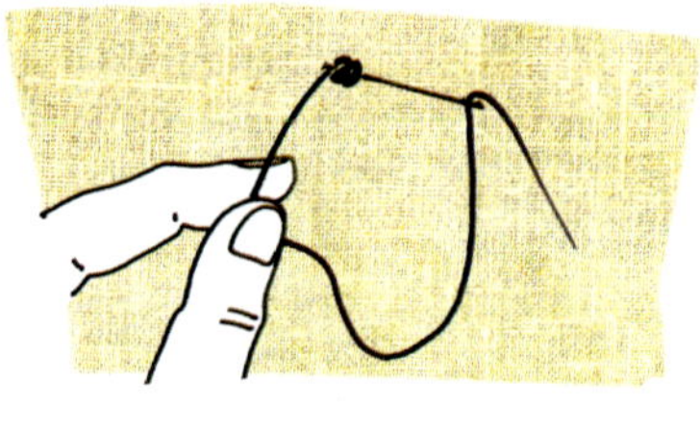

Jojos

Schneiden Sie aus dem Stoff einen Kreis aus, der doppelt so groß ist wie das gewünschte Jojo. Den Rand links auf links um 0,5 cm umklappen (0,3 cm bei den kleinen Jojos). Nähen Sie ihn Stich für Stich 0,2 cm vom Rand entfernt mit doppeltem Faden an. Am Faden ziehen, um den Rand zur Mitte einzuschlagen, dann vernähen. Mit derselben Technik lassen sich Knöpfe beziehen oder Stoffperlen anfertigen.

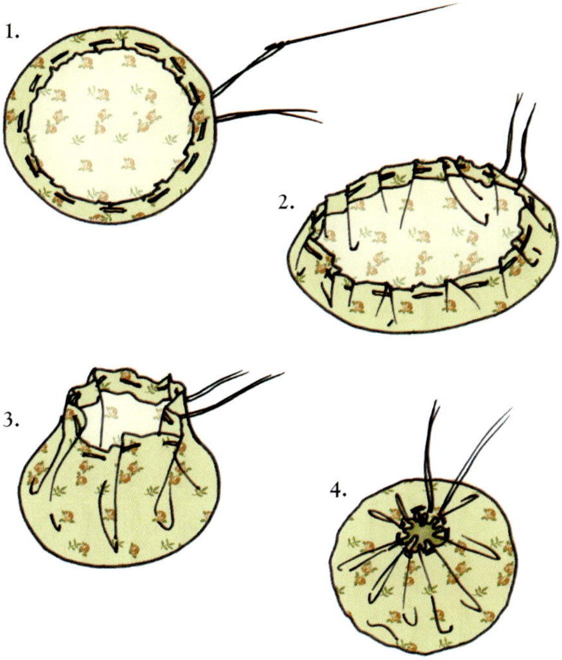

Pailletten

Legen Sie das Nähgarn doppelt oder verwenden Sie Stickgarn. Nähen Sie die kleinen Pailletten mit einem Loch in der Mitte mit einem, zwei oder drei Stichen an, je nachdem, wie beweglich sie sein sollen. Ein einziger Stich ist ausreichend für große Pailletten mit seitlichem Loch. Nähen Sie sie stets einzeln auf und vernähen Sie den Faden auf der Rückseite, bevor Sie zur nächsten Paillette übergehen.

Um eine Reihe kleiner Pailletten schuppenartig nebeneinander zu nähen, arbeiten Sie mit einem einzigen Faden, von rechts nach links. Die erste Paillette mit Rückstich aufnähen. Mit der Nadel so weit links ausstechen, dass die zweite Paillette die erste etwas überlappt. Alle Pailletten auf diese Weise aufnähen.

Filzmotive

Verwenden Sie kardierte, also gewaschene Wolle, die gekämmt, aber nicht gesponnen ist. Platzieren Sie einen Seifenblock unter den Stoff. Legen Sie etwas Wolle auf die zu dekorierende Stelle. Stechen Sie mit einer geeigneten Nadel hinein und formen Sie dabei das gewünschte Motiv: Die Fasern der Wolle verbinden sich mit denen des Stoffs. Das Ergebnis ist solide und bei 30° waschbar. In Bastelgeschäften finden Sie Fertigpackungen mit den erforderlichen Materialien (Seifenblock, verschiedene Nadeln je nach Größe des zu filzenden Bereichs) und ausführliche Gebrauchsanleitungen.

Das kleine Extra: persönliche Etiketten

Sticken Sie sie auf Ihre fertigen Kreationen: an die Innenseiten, die Mitte des Halsausschnitts oder auf eine Gürtelschlaufe. Das Beispiel zeigt Textildruck, der mit unregelmäßigen Stichen auf einen mit Schneidermotiven bedruckten Stoff genäht wurde. Dieser wiederum wurde mit einer Zackenschere zugeschnitten. Die Etiketten werden mit sehr kleinen Stichen an den beiden Ecken auf die Kleidungsstücke genäht.

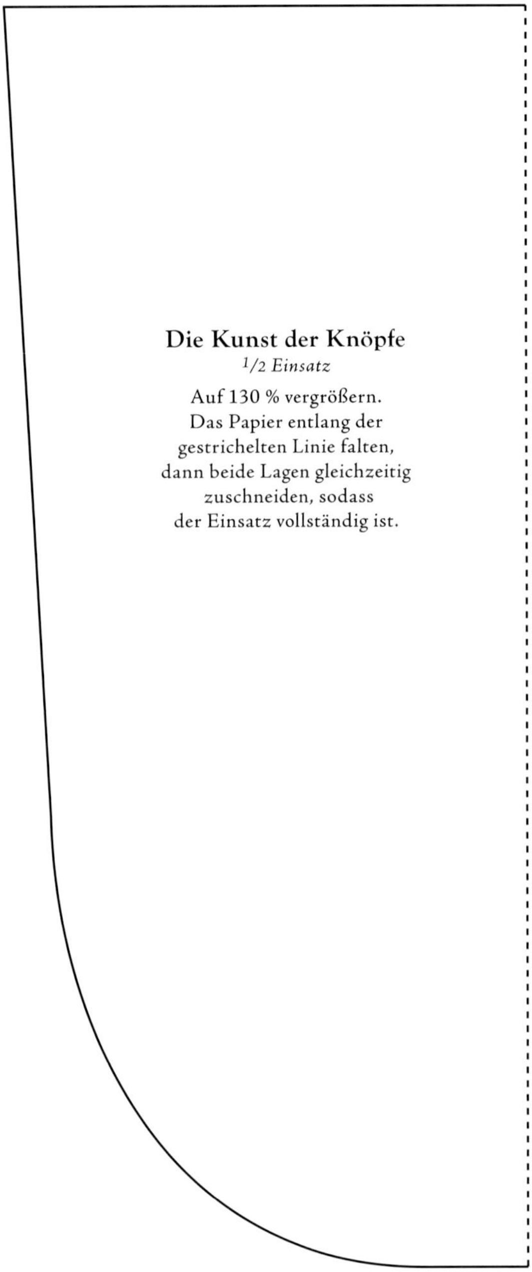
Die Kunst der Knöpfe
1/2 Einsatz
Auf 130 % vergrößern.
Das Papier entlang der gestrichelten Linie falten, dann beide Lagen gleichzeitig zuschneiden, sodass der Einsatz vollständig ist.

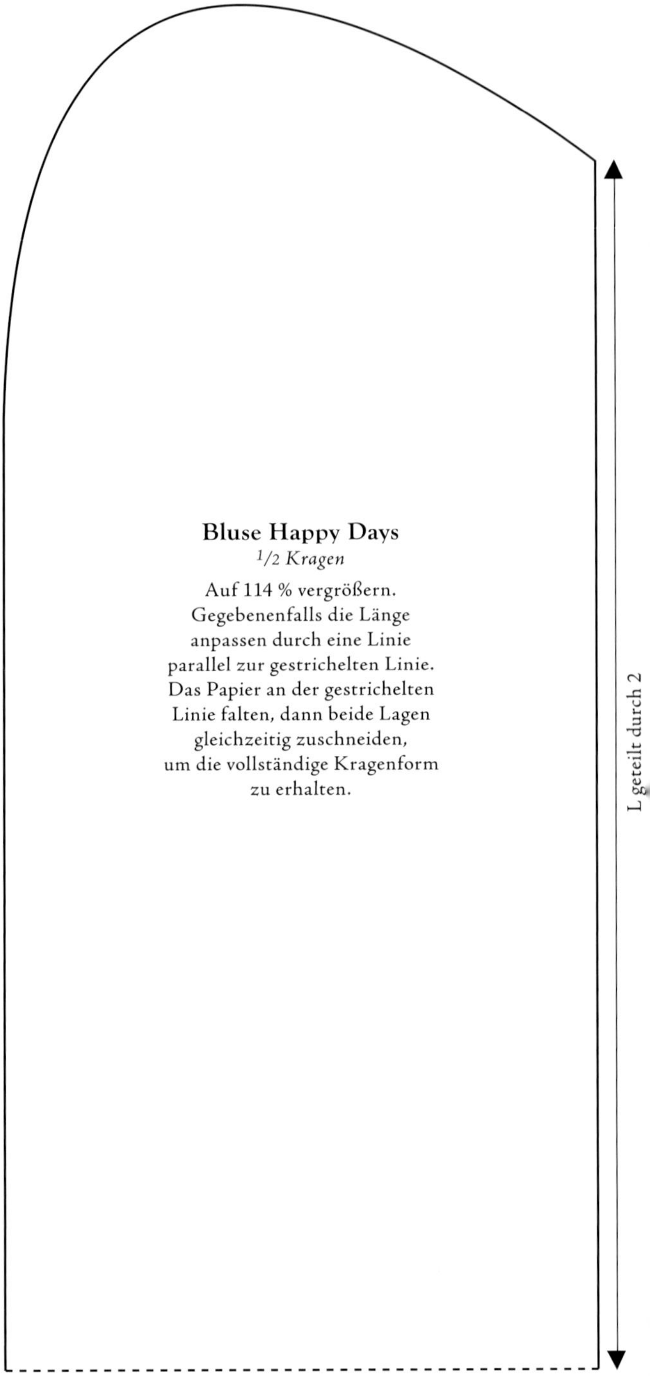
Bluse Happy Days
1/2 Kragen
Auf 114 % vergrößern.
Gegebenenfalls die Länge anpassen durch eine Linie parallel zur gestrichelten Linie. Das Papier an der gestrichelten Linie falten, dann beide Lagen gleichzeitig zuschneiden, um die vollständige Kragenform zu erhalten.
L geteilt durch 2

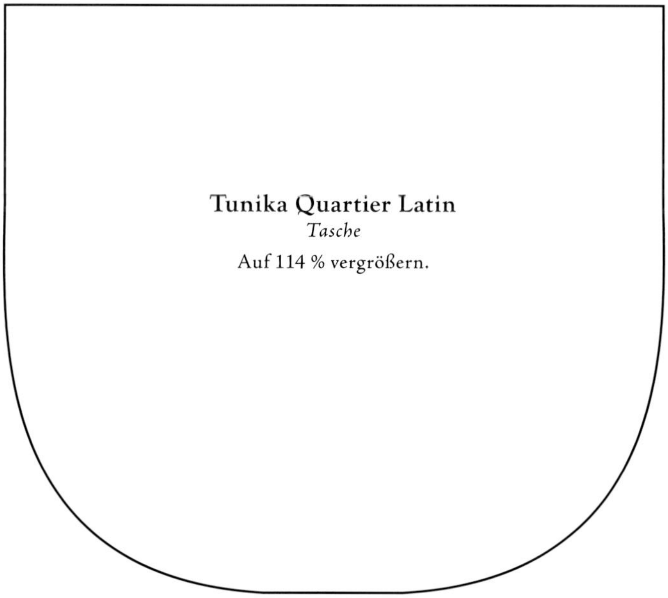

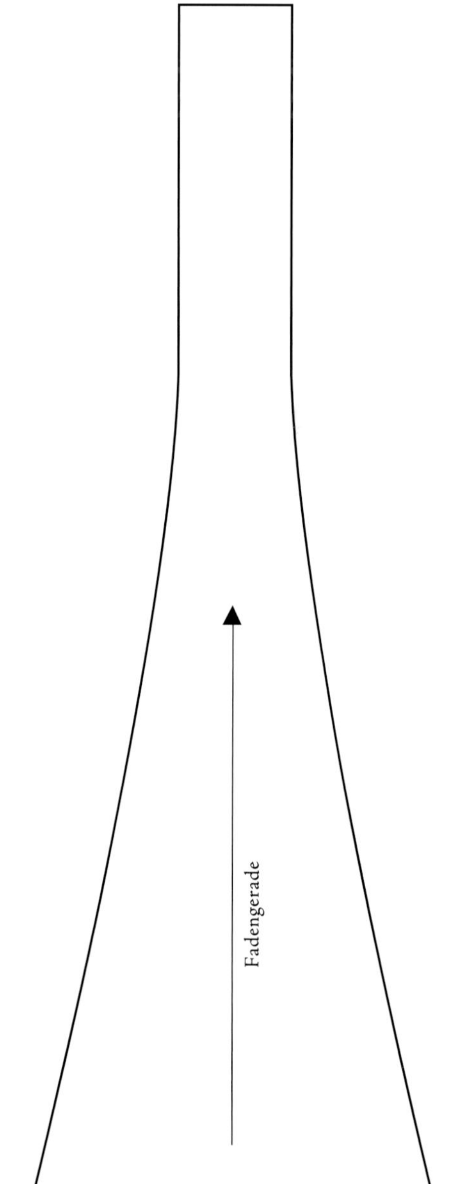

Tipp

Im Allgemeinen sollte man alle Teile mit dem Fadenlauf zuschneiden. Positionieren Sie dazu die Vorlagen so auf den Stoff, wie die Teile dann auch auf dem Kleidungsstück zu liegen kommen. Ihre vertikalen Kanten sollten bündig mit der Webkante des Stoffs abschließen. Dies ist besonders bei großen Teilen wie den Keilen für den Rock Twist wichtig: Wenn diese nicht fadengerade zugeschnitten werden, sind sie eventuell zu straff oder aber bilden unschöne Dellen aus.

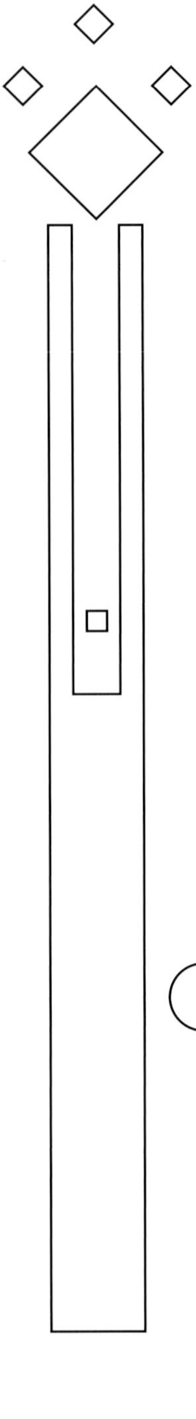

Perlenkonstellation

Große vertikale Motive

Auf 114 % vergrößern.

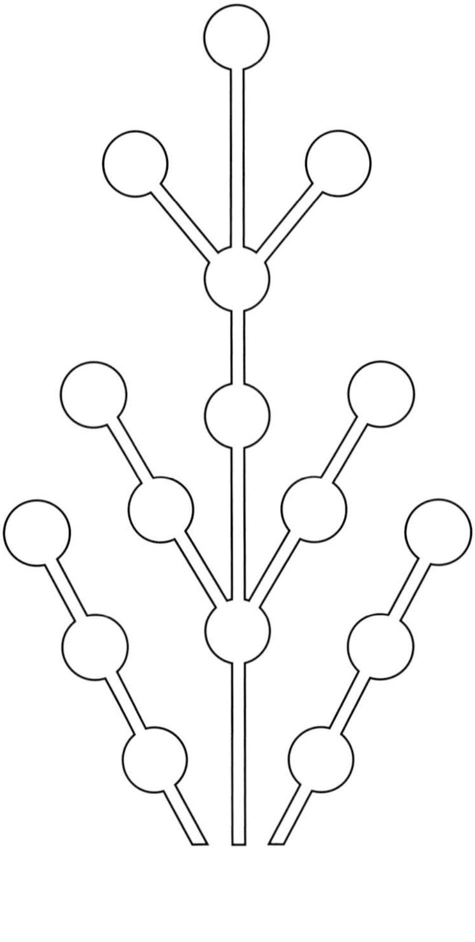

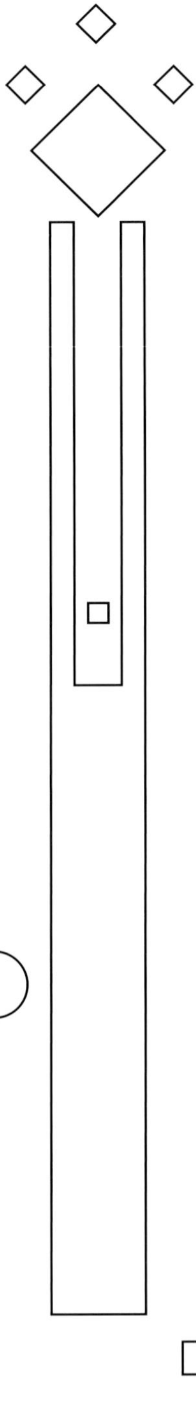

Perlenkonstellation

Horizontale Streifen

Auf 114 % vergrößern.

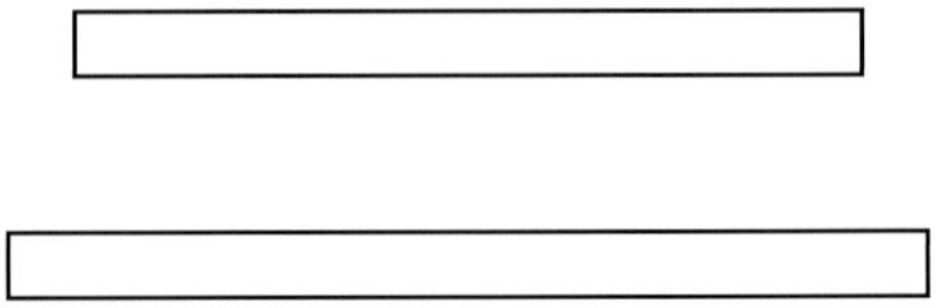

Top Night fever

1/2 Halsausschnitt vorn und Armausschnitt

Auf 130 % vergrößern.
Auf eine Seite des Pullover-
vorderteils übertragen,
dann spiegelverkehrt
wenden.

Like a virgin

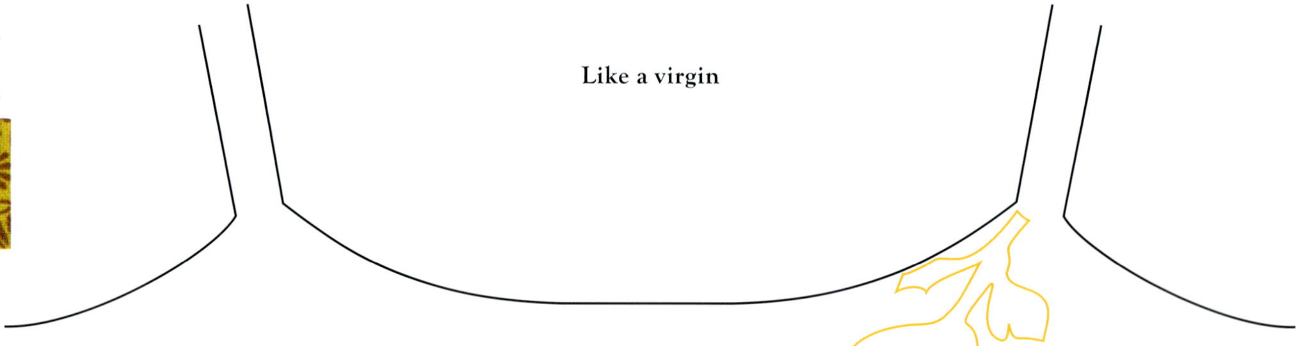

Applikationen
Auf 173 % vergrößern.

vollständig aufgenähte Teile
teilweise aufgenähte Teile

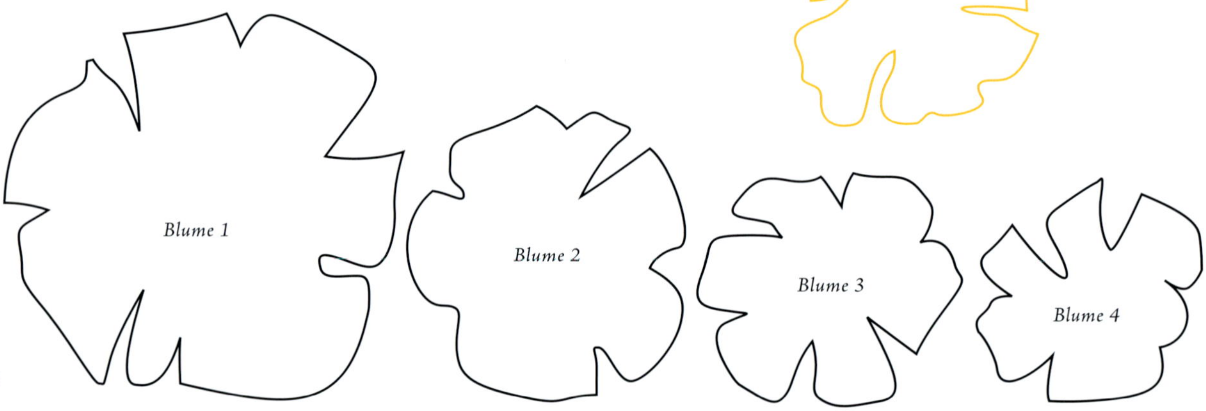

Blumen auf 114 % vergrößern.

Rock Duty free

Stickmotiv

Auf 114 % vergrößern.

— Stielstich

— Geradstich

— Steppstich

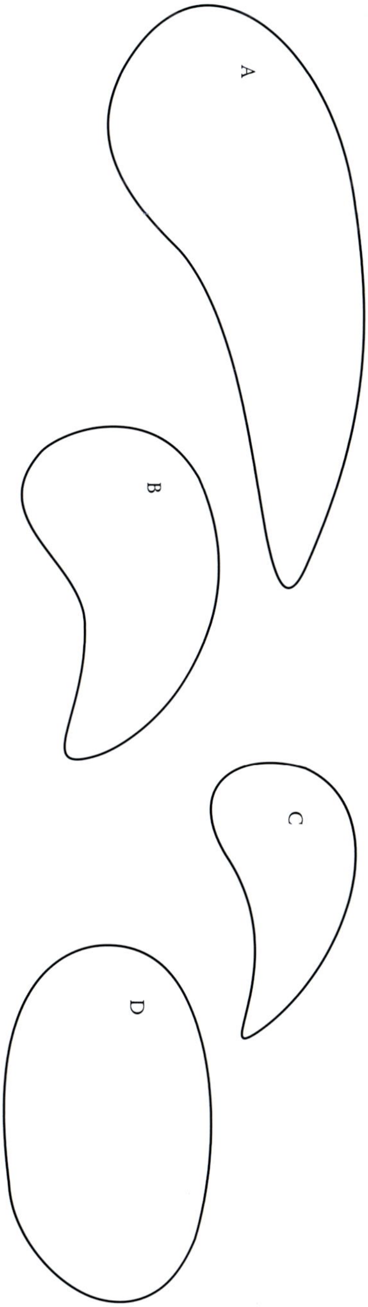

Bustier Dolce Vita

Applikationen

Auf 114 % vergrößern.

Bustier Dolce Vita

Anordnung der Applikationen

Auf 173 % vergrößern.